煙鳥怪奇録
忌集落

煙鳥／編著・怪談提供
吉田悠軌、高田公太／共著

竹書房
怪談
文庫

※本書に登場する人物名は、様々な事情を考慮して一部の例外を除き仮名にしてあります。また、作中に登場する体験者の記憶と体験当時の世相を鑑み、極力当時の様相を再現するよう心がけています。現代においては若干耳慣れない言葉・表記が登場する場合がありますが、これらは差別・侮蔑を意図する考えに基づくものではありません。

装画　綿貫芳子

巻頭言

煙鳥

二〇二〇年、僕が書いたとある怪談をSNS上で公開しました。

この怪談は、僕が実家に帰ったときから始まる出来事を、ルポルタージュ怪談として綴ったものでした。これがありがたいことに、あれよあれよという間にSNS上で話題になり、僕の予想を超えて拡散され六十万ビューを超えることになりました。

今作はこの怪談に現在まで知りえた情報を加えて僕が再構成したもの、そしてまた前作と同じく僕が聞き集めた怪談を、高田公太、吉田悠軌の二人が再文章化したものを形にしました。

前作と異なる点として、今回は体験者本人たちからの一次データを多く掲載しています。

僕の怪談を再文章化するという形に、体験者本人たちからの生々しい情報を加えたらどうなるのか。

これは一つの実験作でもあります。

今作の主題となる「忌集落 土地遺い」。そして僕の集めた話を高田、吉田両名が紡ぎ直し、新たな命が吹き込まれて生まれ変わった怪談を、どうぞ最後までお楽しみください。

目次

▲……煙鳥
●……吉田悠軌
■……高田公太

土地遣い

一　父の話

二〇二〇年が始まり、正月気分が落ち着いた頃。

世間から少し遅れた形で、僕は家内と息子を連れて福島県会津地方のとある山村集落にある実家へ帰省した。

例年通りなら、この季節は実家周辺の道路は全て圧雪されてできたものばかりで、道路端には歩道が見えないほど積まれた雪――というのが馴染みの光景にある。

しかし、それでもその年は少雪で、暖かった。

圧雪路どころか、乾燥した路面が僕達を出迎える。

僕達は「珍しい」「異常気象だ」などと話しながら、つつがなく実家に到着した。

家族は久しぶりの対面を喜び、用意されていた御馳走を遠慮なく頂いた後、家内と息子は一足先に眠りに就いた。

僕と父はリビングに残り、コーヒーを飲みながら話をしていた。

地元に残った僕の同級生の現在。

隣町に最近できたスーパーの評判。

田舎で起きた小さな事件の顛末《てんまつ》。

取りとめのない話が続く。

そんな中、父はふと表情を変えてこう言った。

「香山のところにある彫山さんの車庫と美容室わがんべ？　あそこで何があったか知ってっか？」

父のそれは、まるで呟き声のようだった。

「あそこ、まず車庫の中の車の窓さ壊して泥棒があったべ、次に転んでそこの家のバアが死んだ。その次、トラクターで突っ込んでオヤジ、足折ったべ。したっけまた美容室さ泥棒入らっち、次は美容室の裏、火点《つ》けらっち、また冬、転んで下の家のジサマ亡くなった、最後は放火で、車庫と車二台とトラクターがころっと燃やさっちゃ。これ、ここ五年くれぇで全部やらっちんだがんな」

僕も一連の出来事について幾らか記憶があり、特に一件目の転倒による事故死と二件目の放火についてはよく覚えていた。

母や、その集落に住む僕の同級生から聞いていたのだ。

「俺よ、今まで言わねがったけど、おかしいと思っててよ、おかしいべした、たった五年だぞ」

8

「――あそこは、謂われのある土地なんだ」

父が一頻《ひとしき》り話し終えた頃、僕は思い出したようにテーブルの上のカップに口を付けた。

コーヒーはすっかり冷め切っていた。

土地遣い

二　現在のシェパード見取り図メモ

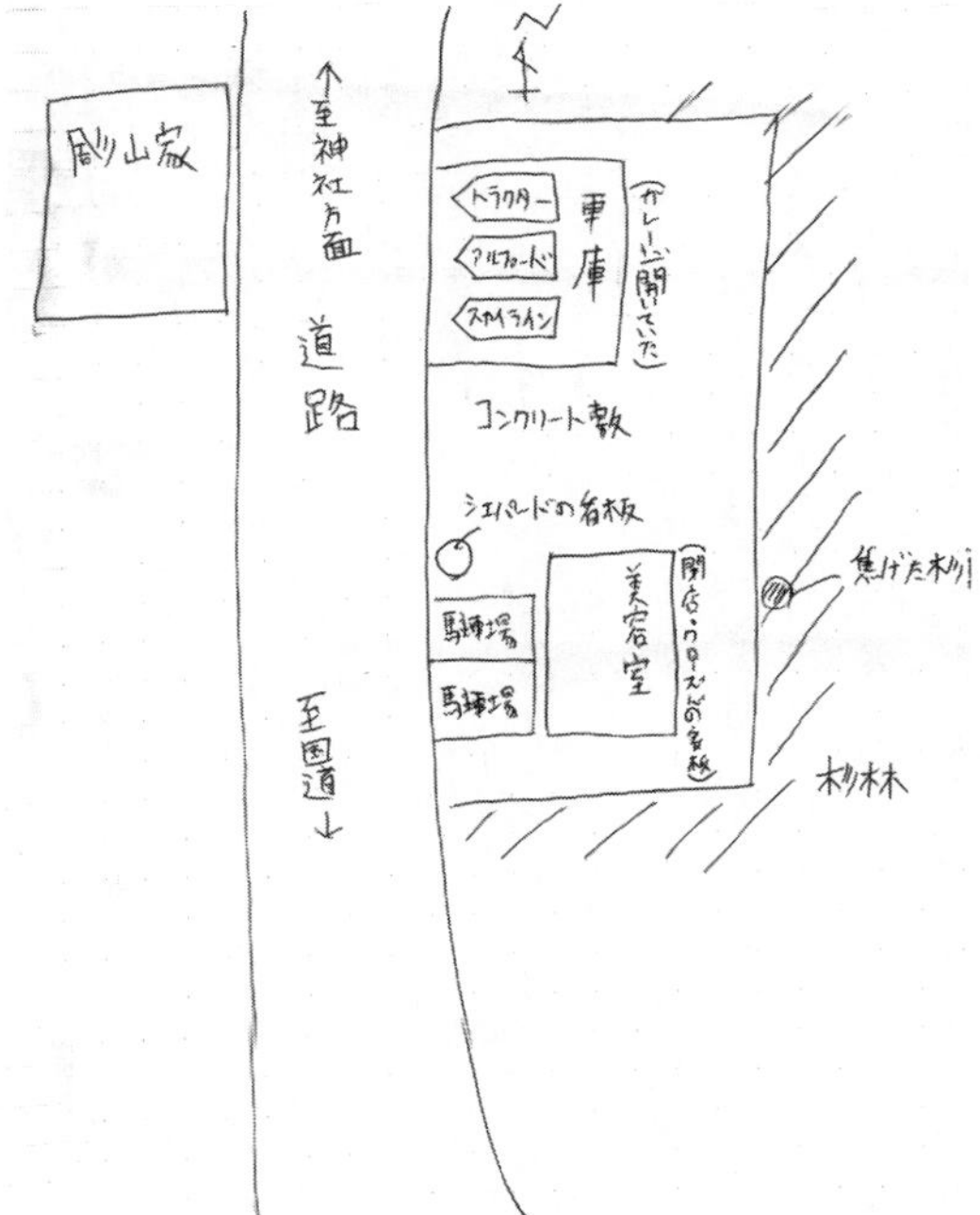

※ 2020 年 1 月 11 日調査　シェパードの状況　天候　雨

土地遣い

三　シェパード

父からの話を聞いた翌日、僕は香山集落にある彫山家の土地へ行くことにした。香山には幼稚園から付き合いがある竹馬の友が住んでいて、何度も遊びに行ったことがある馴染みの場所だった。

香山は周辺の集落と比べると民家の数が多かったが、それでも三十軒ほどしかない。米作りが盛んなこの一帯は民家を取り囲んで田園が大きく広がり、古くからの里山の雰囲気が今でも残っている。

彫山家の車庫と美容室がある土地は、香山のほぼ中心に位置し、集落の真ん中を通る坂道沿いにある。彫山家自体は美容室と軒を並べておらず、坂道を挟んで向かい側にある。美容室は彫山家の長男ゴウさんの妻、エリさんが一人で経営していた。

エリさんは結婚する前、郡山市で美容師をしており、このような山村集落辺りでは珍しく今風のカットができる美容室との評判から、学生達がよく利用していたようだ。

その日は午後から雨が降っていた。雪に変わらないだけましではあるが、会津の冬は寒い。

僕は冷たく濡れた車のドアを開け、香山を目指してハンドルを握った。

集落へ着くと、十代の頃に見たものとまったく変わらない景色がそこにあった。

僕はアクセルを緩めて集落の真ん中を通る坂道を徐行したが、並ぶ民家に挟まれながらも住民の姿は誰一人確認できなかった。


美容室と車庫の前に着いた。

土地の広さは約五十坪ほど。西側が南北に走る坂道に面しており、南側に美容室、北側に車庫が位置している。東側は杉林と草藪があるばかりだ。

西側の通りに面して美容室の駐車場が二台分あり、敷地内は全てフラットにコンクリートで舗装されている。

道路からの出入り口には「美容室　シェパード」と書かれた看板があった。看板は木製で、ポップな字体と色で描かれているが、経年による多少の風化が見えた。

店名の「シェパード」とは、エリさんの夫であるゴウさんがここから離れた町場でバーを経営しており、犬好きのゴウさんがその店名を「ハスキー」と名づけたことから、エリさんも好きな犬種からとった、と僕の母から聞いていた。

真新しい美容室の中は暗く、「ｃｌｏｓｅｄ」の看板が下げられていた。現在は予約のみを受け付けている、とはこれも母から聞いたことだ。

中を覗くと二人掛けの黒革張りソファ、アンティーク調の木製レジ台等が設置されており、シャンプー台が二つ、アンティーク加工がされた黒い枠が塗られた鏡が二つセットされていた。

真新しく白い車庫がシャッターを開放したままになっていた。

黒光りしているスカイラインとアルファード、その隣には泥一つ付いていないキャビン付きの立派なトラクターが駐車されていた。

ここだけを見ると、様々な事件事故の痕跡などまるで残っておらず、父の言う侵入窃盗事件、トラクターによる人身事故、転倒による事故死、放火等がこの土地で起きたとは思い難い。

しかし、それら全てはこの約五十坪ほどの土地で、僅か五年余りの間に全て起きている。

美容室の裏に回ると、一本だけ焦げ跡の残る杉の木の残骸らしきものを草藪の中に見つけた。

降り頻る雨の中、傘に当たる雨音を聞きながら、そのときの様子を想像した。

土地遣い

四　泥棒

最初に発生したのは窃盗事件だった。

この事件については、父がよく知っていた。

「今から五年くれぇ前に車庫のガラス割らっち、車庫の中さ泥棒入らっちゃだ。泥棒はそんとき、エリさ車のガラス割っち、中すっちゃかめっちゃかに荒らしでからバッグだか盗んでったんだど」

あの土地が現在の形に整備されたのは約五年ほど前。

最初の窃盗は土地が整備されて少しした後だという。犯人はまず車庫の南側のガラスを割って内部に侵入し、その中で最も南側に駐車していたエリさんの車の助手席側の窓ガラスを割って鍵を開け、車内を物色した後にバッグを盗み、逃走した。

翌日、彫山家の家族が発見し、警察に届け出た。

父は当時まだ退職しておらず地元で仕事をしていたため、住民達の噂話とエリさんから聞いた直接の話との両方が耳に入ってきていた。

「そんじ、その後もっかい泥棒入らっちゃんだ。次はシェパードのガラス割って入らっちゃんだ。これは割ど最近だな。トラクター突っ込んだ後だがんな。正面のガラス割らっち、また中荒らさっちゃ後さ、レジ持ってったんだな」

正面のガラスを割って侵入した犯人は、店内を物色してレジスターごと持ち去ったという。

実は、このときレジスターを持ち去ったほうの犯人は既に逮捕されている。

山形県において別件の窃盗事件で逮捕された男が、余罪としてシェパードに侵入してレジスターを持ち去ったことを認めたため、彫山家に連絡が入り事情を訊かれた、とエリさんが父に話している。

しかし、一件目の車上狙い事件については否認しており、警察からは〈手口から見ても同一人物とは思えないため、違う人物が犯人であろう〉と連絡があったとも話している。

「エリがよ、俺さ『おかしくないですか。幾ら山のほうとはいえ、表通りに面したところに二回も泥棒入られるなんて、他にお金持ってそうなところとか入りやすそうな見つかりにくそうなところ一杯あるのに、泥棒に遭ってるのウチだけなんですよ』つってたんだ。

俺もちょっとおかしいなとは思う」

そう父は話していた。

確かに、現場に行った僕が見てもシェパードは非常に目立つ。

また、民家からも近いためよくあんなところのガラスを割ったな、と思う。

ここは駐在所からもほど近いし、見通しが良すぎる。

泥棒に向いている場所とはとても思えない。

二件目のほうの犯人は、エリさんが父に「全国渡り歩いて泥棒してた人なんですって」と話している。

広域で窃盗を行っていることから、いわゆるプロの泥棒なのだろうと思うが、何故そこまでの泥棒がこれほど盗みにくい場所に目を付けたのだろうか。

素人目には分からない事情があるのかもしれないが、何故こんなところが二回も狙われることになったのか、と疑問に思うのが正直なところである。

最初の事件、そして二回目の窃盗事件についてはこのような状況で発生していた。

土地遣い

五　転倒事故

車庫の窓とエリさんが使用していた車のガラスが割られ、バッグが盗まれた車上狙い事件の後、同じ土地で二人が亡くなっている。

母はこのときのことを語る。

「冬だったべ、寒くて凍ってたのよ、朝はこの辺全部凍っぺした。雪はねがったような日だったんだな」

豪雪地帯の会津では、冬になると行政が依頼した業者が陽が昇る前の暗いうちからブルドーザーで車道の雪を排除する。

そのため朝起きると、圧雪された凍結路であっても車自体が通行できないような状態の雪道ではなくなる。

この日も日中は晴れており、早朝のブルドーザーの力によって路面の雪は排除されていたが、道路自体は凍結路であった。

「昼前だったと思うんだげんじょ、トヨさんがシェパードさ行こうとしたんだよな。エリちゃんに忘れもん届けんだが、何だか用事あっただか」

彫山家の家族構成について書く。

彫山家は家長に当たるセイジさん、その妻トヨさん、二人の息子であり町場でバー「ハスキー」を経営するゴウさん、その妻で美容室「シェパード」を経営しているエリさん、二人の息子である小学生のカズキ君の五人暮らしである。

家長であるセイジさんは八十歳近く、トヨさんは七十代半ばであった。

母が言うトヨさんとは、このセイジさんの妻に当たる人だ。

「したっけ、美容室のとこってコンクリ敷きだべした、道路から入ったとこすぐで滑ったんだな、ほんじその勢いで下のコンクリさ後頭部打ったんだど。転んだ音と『うぅ、うぅ』って唸った声聞いでエリちゃん飛び出してって見っけだんだどな」

転んですぐに気づいたエリさんが、シェパードを飛び出し発見した後、すぐに救急車で運ばれたがトヨさんは帰らぬ人となった。

父と母、そして祖母はトヨさんの葬儀に参列している。

祖母はトヨさんの葬儀について話す。

「いやぁ、見てらんにがったぞい、言ってみよねぇなぁ。セイジ兄ちゃはわんわん泣いで『堪忍してけろ、堪忍してけろ』ってガナッテよう《大声を出す》、声なんか掛けらんにで、アンジはよ《あれでは》」

事故による、死去。

トヨさんの葬儀はセイジさんの嗚咽《おえつ》と哀しみに包まれていた。

その後、しばらくの間シェパードは閉店していたという。


母は、その後起きた二件目の転倒事故について話してくれた。

「トヨさん亡くなって、裏の火付けの後だなぁ、今度金井さんとこのジサマ転んだんだな」

その日も前回と同じく、冬の日であった。

雪が多いときにブルドーザーで排除しきれなかった雪は、歩道と車道の間に寄せられ、積まれていく。

この年は更に雪が多く、車道からどかしきれなかった雪がそのまま歩道上に強引に押し込まれていた。車道はなんとか確保されていたが歩道は殆ど歩くことができず、車道の脇を歩行者が歩く、という有様だった。

「雪凄くてな、おめぇもわがっぺ、雪多いと歩道なくなっぺした。だがら、みんな道路の脇歩くべ、金井さんとこのキヨタカさんもそうしてたのよ」

金井家とは、彫山家の南側に位置する家である。

キヨタカさんとはそこの世帯主で、当時七十歳くらいだったという。

「金井さんとこのキヨタカさんは歩くのよ、足も元気だったし、頭もモボッチねぇ《認知症ではない》し、昼過ぎになっといっつも散歩してだんだ」

母は当時現役で営業の仕事をしており、集落のあちこちを回っていたので今でも周辺集落の事情にとても詳しい。

車で近隣を回る営業の途中で色々な家にお邪魔しては、年配の方相手に話を聞いたり、自分が解決できそうな問題だったら、自ら手配したり人を頼ることで要望に応えたりしていた。

そもそも仕事とまったく無関係な世話も多く、社用車に調理鍋を積んで他所の家で料理をしたかと思えば、独居老人のための買い出しもちょくちょく手伝っていたようだ。

元来、おせっかい焼きなのである。母は年配者を中心に周辺集落でかなり有名で、僕自身が「〇〇（父の名前）の息子さん」と呼ばれるより「××（母の名前）の息子さん」と呼ばれることがとても多かった。

「キヨタカさんな、多分、歩道ねぇべした、だから、シェパードの近くまで来たときにきっと、そっちの駐車場のほうから行くべと思ったんだど思うんだ。あそこはエリちゃんがいっつも雪かきすっから、あそこのコンクリ敷きのとこはいっつも雪ねぇから歩きやすいのよ、そんでそっちさ行っただな」

母の話では、キヨタカさんは集落の真ん中を通る道路を歩いている際、歩きにくい車道の脇を通るのを避けるため、車道脇から逸れてエリさんがいつも雪かきをしているシェパードの前にあるコンクリート敷きの敷地内を歩いていた。

そして、トヨさんと同じく凍結した地面で転倒し、コンクリートの地面に後頭部を強打した。道路に倒れているキヨタカさんを配達中の郵便局員が見つけ、救急車で運ばれたが、キヨタカさんもそのまま亡くなった。


母はその後の彫山家の様子について言う。

「凄く、暗かったな、葬式でもよ。茫然としてるっつうか、何つうか、セイジさんずっと泣いてたな」

トヨさんと同じ場所で、同じ原因で近所の人が亡くなった。

相当なショックだっただろう。

「別に金井さんとこも、誰も彫山さんとこ責めねぇし、それはひとっつも悪いどこねぇんだげんじょ、セイジさんは自分のせいだ、と思ってたんでねえべが。俺が悪がった、って顔してたんだ、自分のせいだって思ってたんだあれはよ」

五年ほど前、あの土地にコンクリートを敷き、車庫と美容室を作ったのはセイジさんだった。そのこともあり、セイジさんとしては責任を感じていたのかもしれない。

「何なんだべな、あそこはよ、泥棒だの火付けだの変なごど、悪ぃごどばっかおごんだで、人二人死んでんだがんな。お母さんもおがしいど思ってっし、近所の人も何なんだべな、あそこは危ねえって言ってんだ、冬の日は歩いちゃなんねってよ」

僕も高校を卒業するまでこの山村に住んでいたが、冬に路面が凍結していたことにより転倒して怪我をした、というのは聞いたことがあるが、人が亡くなるほどの転倒事故など余り聞いたことがない。

死亡事故として屋根から落ちた雪の下敷きになって亡くなった、というのは聞いたことがあるが、転倒して人が亡くなるのは、幾ら冬の路面が滑るとはいえそれ自体が稀なことである。

しかも、同じ土地で二人亡くなるというのはそれだけ異常なのだ。

転倒事故については、多くの人が知っており、母以外の住民からも話を聞いているが、冬の日はあそこの前を、土地の上を決して通らないようにしている、と誰もがそう言っていた。

あそこで人が二人も死んでいる、と。

24

出戻り

二〇一六年、リサさんという女性が煙鳥君に語った話。

その日、リサさんは栃木県の自宅前で、懐かしい顔を発見したので、思わず声を掛けてしまったのだという。

「久しぶり！」

東京に嫁いだ、隣家の娘さんだ。

「御主人と息子君も？」

これまでにも、旦那や男の子を連れて帰省しているのを何度か見かけたことはある。

「いや、今回はちょっと私一人で……」

暗い声が返ってきたので、リサさんもピンときた。

あ、これは向こうで何かあったな。

こちらの家族と隣家との付き合いは古く、娘さんの結婚式にも参列したほどである。そんな気が置けない間柄だとはいえ、流石にこの話題についてはストレートに問いただす訳にもいかない。

リサさんがのらりくらり遠回しに探っていくと、向こうも向こうで
「嫁ぎ先で色々あって……」

などと言及しつつ、背後の実家へとちらちら視線を投げかけている。

本当は事情をぶちまけたいのに、親がすぐ近くにいる手前、あけすけには話せない。彼女のジェスチャーから、そんな印象を受けた。

「おい、ユカコ！」

と、そこで隣家から、向こうの父親の声が響いた。

「ちょっとこっち！　手伝ってくれ！」

声のトーンには明らかな苛立ちが含まれている。

娘さんはため息をつくと、無言で自分の家へと戻っていった。

あらら、隣のおじさん、私達が立ち話するのも嫌なんだな。まあ仕方ないか。だって娘が東京から出戻りしてきたなんて、とても、とても恥ずかしいことだから。


それから数日後。

今度は家から離れた駅前にて、リサさんと娘さんが出くわした。お互い何も切り出さずとも、自然と前回の続きが開始されていく。

「あっちで色々トラブルあって……。もう疲れた。旦那のほうから、実家に戻って休んだら？　なんて言ってくれたんで、帰ってきたんだよね」

「あ～そうなんだ～。御主人、子供の面倒見てくれるんだね、凄いね～」

「旦那はまだ理解あるから。そこだけは何とか助かる」

「うんうん、でも息子君まだ可愛い盛りでしょ。会えなくて淋しいよね～」

そこで不意に娘さんの言葉が詰まった。おやどうしたんだろう、と思っていると。

「会いたくない」

ん？

「絶対会いたくない。あんな子供」

やばい地雷ふんだ。

これはあれだ、お子さんのことでガチャガチャ揉めたんだな。その証拠にほら、何かぐちぐち、一人語り始めちゃってるし。

「本当に、あたしがどんな思いしてるとか……」

「目にもしたくないし、声も聞きたくない、あんな……」

「気持ち悪い、とにかく気持ち悪い。だって聞いてよ……」

うわーやだー聞きたくないー。流石に実の子についての悪口は黒すぎてヤバいわ。この人、もう大分追い詰められちゃってんじゃないの。大丈夫かな……。

うんうんと適当な相槌を打ち、リサさんは何とかその場をやり過ごしたのだった。


そしてまた数日後。

リサさんが自宅の庭で花に水をあげていると、すぐ前を老婆が通りかかった。

見かけない顔だ。服も野良着ではなく、都会のしゃれた格好をしている。

ニコニコと上品に微笑む、その目がこちらに向いた気がしたので、ちょこんと頭を下げておいた。

老婆は微笑みを崩すことなく、静かに我が家を通り過ぎていくと。

さも当然といった風に隣家の玄関を開け、そのまま中に入っていったのである。

あれえ？　隣の家の親戚で、あんな人いたかな……。

あ、ていうか、そうだ、そういえば。

リサさんは自宅に戻り、保管している写真類を引っ張り出した。その中から、隣の娘さんの結婚式の画像を見つける。

新婦である娘さんの隣には、もちろん新郎である旦那さんが座っている。そのすぐ後ろに、先ほど見かけた老婆が、先ほどと同じような笑顔で写り込んでいたのだ。

やっぱり。あれ、旦那のお母さんだわ。

お姑さんが直々に実家まで迎えに来るなんてね。これでめでたく雪解けとなるか、かえってひどいトラブルを迎えちゃうのか……。


その夜。

隣の家から驚くほど大きな声が響いてきた。

「ごめんなさいごめんなさい！　ごめんなさいごめんなさい！」

娘さんが号泣しながら謝る声。

それに被さるように、中年男性の、獣のような怒号も聞こえてくる。

度肝を抜かれたリサさんが耳を済ましていると、やがて男の声は、

「いい加減にしろ！」

と誰かを詰《なじ》り始めた。

隣のおじさんの声ではない。となると、声質などすっかり忘れているが、これは娘さんの旦那だろうか？　あのお姑さんと迎えに来て、それで大喧嘩になってしまってるのか？

「許してください！　もう許してください！」

「大丈夫だからな……ふざけんじゃねえぞ！　もう大丈夫だから……てめえ！　ほんと何

なんだよ！」

怒りに満ちた詰問と、穏やかなトーンが混在している。となると、今の隣家には娘さんと旦那さんと、あともう一人いることになる。

「ごめんなさい！　ごめんなさい！」

必死に謝ってるということは、怒鳴り声の矛先は娘さんなのだろう。じゃあ旦那が一生懸命になだめているのは……。


翌朝。

昨夜の騒動が嘘のように、隣家は静まり返っていた。

その玄関先には、娘さんが一人、うつろな表情でぼうっと立ち尽くしている。

……うわあ、もう限界だな、あの子。

でもこの状況からすると、東京に帰らないことにしたのかな。旦那と姑がわざわざ来たけど、昨夜の大喧嘩がこじれて、もう連れ戻すのは諦めちゃった、と。

「……あの～……」

とはいえ遠回しに確認しておこう。あの声の主が本当に旦那なのかどうかも気になるし。

「……何？」

恐らく一睡もしていないのだろう。娘さんは血色の悪い両眼を、ドロリとこちらに向けてきた。

「昨日、誰かお婆ちゃんみたいな人、そっちの家に来てたよね？　もしかしてお姑さんが迎えに来てくれたのかな〜？　って」

「はあ？」

娘さんは心底うんざりしたように眉を顰めると、

「来る訳ないでしょ、そんなもん。もう死んでるんだから」

そう言い残し、玄関の中へと入っていってしまった。

「……」

え？　ええ!?

いやだって確かに見たよ。写真でも確認したし。そしたら、昨日のお婆ちゃんって誰よ、何よ。

それにほら、もう一人いたんでしょ家の中に。旦那が必死になだめてたのだって、娘さんじゃないんだから、そしたら、お婆ちゃんしかいない訳で……。

――あ。

思い出した。

そうだ、ばったり駅前で会ったとき、娘さんが言ってた、あのセリフ。

「もう絶対に会いたくない」

何か変なこと言ってるなって、思わず聞き流しちゃったけど。

「見るのも嫌。声聞くのも嫌」

自分の息子の悪口をべらべらまくしたてた末に吐き出した、あの言葉。

「だってあの子、お婆ちゃんと同じ声で泣くんだから」

娘さんは今もまだ、隣の家で暮らしている。

カンちゃん

煙鳥君は大学生の頃、先輩二人に連れ回されて関東圏の〈心霊スポット〉と呼ばれる場所を日々シラミ潰しに巡っていた。

先輩のシンさん、エノさんも相当な好事家だったようだ。

夕方に車で出発し、朝まで様々なスポットに行きまくる。

こつこつとそれを続けた結果、三人はメジャースポットを殆ど制覇した。

「もう俺、心霊スポットに行き過ぎってくらい行ってるよ。普通に考えたらやばいよね。バチが当たったりして」

煙鳥君は帰省中、高校時代からの友人、カンちゃんにそう自分の近況を伝えた。

「おお。そりゃあ面白いことしてるな。そんなお前に良いものを作ってやるよ」

カンちゃんは実家が神社で、苗字は「神田」だ。

「お前、刃物が魔除けになるって知ってるか？　葬儀のときなんか御遺体の胸に置くだろ。悪い縁を切ってくれるんだ。包丁持ってきたら、俺が祈祷をあげて清めてやるよ」

「ああ。それは助かる。包丁ね……包丁……」

後日、煙鳥君はカンちゃんに木製のさやが付いた果物ナイフを渡した。

「おい。包丁って言っただろ……これでいいの？」

「いやあ、パッと持ってこれるのがこれしかなくて……」

カンちゃんは煙鳥君の惚けた態度に戸惑いながらもその果物ナイフを持ち帰り、しっかりと祈祷をあげた。

「ほらよ。これがお前のお守りだよ。大事にしろよ」

果物ナイフの見た目には何の変化もない。

それでも煙鳥君にはその小さな刃物が妙に頼もしく見えていた。

「おお！　ありがとう！　これは胸が熱いよ！」


当時、煙鳥君は現在の妻となっている方と既に交際していて、半同棲の生活を送っていた。

二人が住むアパートはこんな構造だった。

玄関戸を開けると廊下があり、その先に一部屋。

その部屋に入ると階段があり、上ると中二階の部屋。

そして、煙鳥君はちょうど廊下の上に当たる中二階の部屋をメインに使っていた。

煙鳥君はカンちゃんからお守りを貰ってしばらくしてから、部屋で一人きりのはずなのにまるで何処かのドアが開いたように風がそよぎ、生活音、屋外の音の響きに違いが生じるのを時々感じるようになった。

いわば空気の流れが変わったような感覚だった。

まるで誰かが玄関先に立ってドアを開け、気配を飛ばしているようだ。

気のせいで済ますには随分と実感があり、その割には幾ら屋内を確認しても変化がなかったため、そんなときにはどうにもすっきりしない気分を味わってしまう。

聞くと彼女が部屋にいるときも同様の違和感を覚えることが度々あったそうで、二人とも「やはり気のせいじゃない」と意見が一致していた。

時々、玄関に佇むものがいる。

それが何かは分からないが二人は朧《おぼろ》げにその存在を認め、煙鳥君はそんなことがあっても依然としてオカルト探索をし続けていた。

二人はのちにそのアパートから、広い間取りの部屋へ引っ越すことにした。

決して部屋が怖くなった訳ではなく、単に手狭だったからである。

引っ越し作業を進める中、いざ洗濯機を外に出そうとした折。

「ちょっと！　あなた、これ！」

「あれ？　何でこんな所にあるんだっけ？」

ずらした洗濯機の下から出てきたのは、カンちゃんから貰ったお守り――果物ナイフだった。

彼女はものを大事にしていないことを怒ったが、煙鳥君はそんなところにお守りが放置されていた理由が分からない。

確かに引き出しに仕舞っておいたはずなのだが。

洗濯機は玄関近くに設置していた。

煙鳥君は玄関に佇んでいたものが中に入ってこなかったのは、このカンちゃんの祈祷が籠もった果物ナイフにあるのではないかと睨み、友人への尊敬の念を新たにした。

煙鳥君が私にこの話を提示するときに付けた仮タイトルは「カンちゃんは本物」。

しかし、読み終えた私は本タイトルを「カンちゃん」としている。

以上に書いた怪談に煙鳥君が抱く「本物」という思いを込めさせていただいた。

現在このお守りは煙鳥君の母が調理のために使用し、本来の目的を兼ねつつ実家を守っている。

煙鳥君は語る

僕が三歳ぐらいの頃のこと……らしいんですよね。

婆ちゃんが教えてくれたんですよ。

そのとき、三歳の僕はぐっすり寝ていたそうです。

起きていたとしても……覚えてませんよ。もう数十年前の子供の頃の記憶なんて。

両親は共働きだったんです。

毎晩帰りが遅くて、いつも爺ちゃんと婆ちゃんの部屋で寝ていました。

部屋の入り口が玄関を向いていて……障子戸で。

爺ちゃんと婆ちゃんに挟まれて、足を戸に向けて川の字で寝たもんです。


その日、婆ちゃんはなかなか眠れずにいたそうです。

小さな孫を挟んでもまだ布団に余裕はありましたから、婆ちゃんはゴロゴロと寝返りを打って、心地よい姿勢で早く寝ようとしていたんです。

想像すると面白いですよね。

ゴロゴロする婆ちゃん。

すると、障子戸から音がしたそうです。

ぎぃぎぃ。

戸が軋《きし》むような音。

何かが木枠を押したような音にも聞こえたそうです。

ぎぃぎぃ。

当時家では猫を飼っていたので部屋に入りたがって身体を戸に押し付けているのかもしれない、と婆ちゃんは思いました。

婆ちゃんは猫のために起き上がるのも面倒だったので、音の相手はせずまた目を瞑りました。

次には、
トントン。

と音が鳴りました。

叩く音ですね。

トントン。

これもまた猫が出しそうな音です。

元々寝付けなかった夜が、これらの音のせいでますます寝付けなくなった。

ずざざざざ。

ざざざざざ。

擦る音。

いよいよ猫が本格的に身体を擦り付けているのかとも思いましたが、婆ちゃんはふと半身を起こして障子戸に目を向けました。

月明かりでできた影がはっきりとあり、まるで障子が透けているようだったそうです。

手が。

手のひらが、廊下から障子を擦っていました。

ずざざざざ。

ざざざざざ。

その音は何者かの手によって出されていたのです。

じいちゃん、じいちゃんや。

ん。何だ。
誰かいる。廊下に誰かいる。
誰もいねえべ。
爺ちゃんも目を覚まし、障子戸に目を向けたのですが話が噛み合いません。
音するべ。
いんや。音なんてねえ。
手が見えるべ。
いんや、手なんか見えねえ。
いいから、外を見てきてけろ。
風でも吹いたべかの。
起きた爺ちゃんが障子戸に手を掛けた途端、手のひらはすっと消えました。
爺ちゃんは戸をからりと開け、すぐに、

ひっ。

と息を呑んだかと思うと、ぴしゃりと戸を閉めて後退りました。

おめ。喪服の準備しろ。

何で。

後藤の旦那さんだ。廊下に後藤の旦那さんが立ってた。病気で入院してたべ？

んだ。後藤の旦那さんはそろそろ危ないって話だ……。

間もなく電話来るぞ。

爺ちゃんの言う通り、それから間もなく親戚の訃報を告げる電話があったそうです。

三歳の僕はそのとき、ぐっすり寝ていたんですけど。

実家にて

天井の札

煙鳥君の実家は大変に古い。

何故この家が古くから残っているかの理由を、煙鳥君は父親から聞かされた。

父はその背景となった事情を、祖父母から聞かされた。

祖父母はその親から、彼らもまたその親から、ある人物について聞かされていた。

煙鳥君の実家は大変に古い。築百年は超えているだろう。

会津の山村集落なので、近所には他にも古民家がちらほら残されている。とはいえ、ここまで古い家屋は流石に見当たらない。

もちろん補修や増改築を重ねているものの、梁や天井は建築当時のままだ。今の資材と比べると、表面が何だかベコボコとしているのが見て取れるという。

古式ゆかしい槍鉋という鉋《かんな》で削っているので、現在よくある台鉋のようなまっすぐツルツルの表面ではなく、さざ波めいたテクスチャーとなるのだ。

それだけ古い家となると、これまで暮らしていた御先祖様も結構な人数になる。煙鳥君はもとより、家族親族の老人達ですら、彼ら全員についてすっかり把握している訳ではない。

「だからその人については、ずっと前のお婆ちゃんとしか言えないのですが。少なくとも自分より五代以上前なのは確かです」

何故ならそこまでは仏間に遺影が飾られているから。煙鳥君の祖母の父の母（高祖母）の、その母かそのまた母か……それは不明だが、とにかくその人物を、ここでは「お婆ちゃん」と表記しておこう。

彼らの家に代々伝わっている話だという。

お婆ちゃんの本業は農家だったが、頼まれれば拝み屋めいたことも行っていた。

この家に嫁ぐ前は高野山の辺りで修行していた……とも言われていたそうなのだが、本当のところは分からない。

ともかく、明治期の東北地方の山間集落であれば、民間霊能者が地元民の相談に乗ることなど、そう珍しい事態でもなかっただろう。

ある日、お婆ちゃんの元に一人の女性が連れてこられた。

興奮状態の顔はいたく歪んでいる。意味の通らない言葉を喚きつつ、激しく暴れまわる。

当時のこと、誰がどう見ても結論は一つしかない。

「狐が憑いちまった！　お祓いしてくれ！」

大人数で何とか祈祷部屋に押し込んだ。そこまではよかったが、とたん、女性はぴょーんと大きく跳ねた。天井の高さにまで届くほどの、人間離れした跳躍である。女性はそのまま梁の上にとりつき、樹上の狐が獲物を狙うかのごとく、こちらをじっと見下ろしてきた。

お婆ちゃんは眉を顰めて、

「これはまずいよ」

横にいる自分の旦那に話しかけた。

「まずいのか」

ここで何故自分に話しかけてくるのか訝しみつつ、お爺ちゃんが答える。

「これはもう祠《ほこら》を造ってあげないと、どうにも収まらないね」

「そうか。そんなにか」

「でも、あんたらの家で祠を造る金なんてないな？」

お婆ちゃんの質問に、女性の家族達は黙って頷く。

「うちらにだってそんな金はない」

「そうだな、ないな」

お爺ちゃんも頷く。

「でもあの狐さんを祀るところは造らねばならない」

「そうか……なら、どうすんだ」

「うちの天井裏に、あの狐を入れてもいいか？」

おい嘘だろ⁉　やめろ！　絶対にやめてくれ！

驚いたお爺ちゃんの喉元まで、そんな言葉が出かかった。

しかしその場には女性の親族達も集まり、期待を込めた目で自分達を見つめている。

彼らの手前、お爺ちゃんも黙って首を縦に振るしかなかったのだ。

そこからお婆ちゃんがどのような呪文を唱えたか、どのような儀式を行ったかは分からない。

とにかく最後には「ガタガタガタタ！」という激しい振動音が天井裏で響き、それと同時に女性の狂乱も鎮まった。

ありがとうございます、ありがとうございます……何度も頭を下げながら、向こうの家族は帰っていった。

しかし狐は、祈祷部屋の天井裏に棲みついてしまった。

それからというもの、家族の誰かが部屋に入れば、上から見つめられる気配を感じるようになった。天井には幾つもの節穴がある。その穴の向こうから、何かがこちらをじっと覗き込んでくるのだ。

もちろん家族はこの視線を嫌がった。

そこでお婆ちゃんは、何処からか持ってきたお札で全ての節穴を塞ぎ、目隠しするようにした。

「そのお札、今でもまだ貼ったままなんです」

リモート通話の画面越しに煙鳥君が言った。

「正にそこ、自分が使ってた部屋なんですけどね」

それまでずっと布団部屋として使われていたのだが、何故か煙鳥君の自室としてあてがわれたらしい。

天井を撮った写真を見せてもらった。年月を経て黒光りするようになった板のそこここに、黄ばんだ古紙が貼ってある。直径十センチほど、いびつな八角形に切り取られたそれらの札には、漢字が数文字ずつ、同心円状に配置されている。各々

の札によって書かれた漢字は異なるが、どれも中心だけは「龍」又は「水」と記されていた。

送られてきた中には、札をスキャナーで読み込んだ画像もあった。

「大学生のときに実家に帰省してたときのですね。トイレ行って戻ってきたら天井から剥がれ落ちていたので、ついでにそれをスキャンしてみました」

この証言及び撮影画像を見れば分かるのだが、現在の天井には幾つかの節穴が見て取れる。恐らく長い年月の中で数枚の札が剥がれ落ちてしまったのだろうか。

となると、煙鳥君自身は天井から視線を感じたことはあるのか。

「そういうことはありませんでした。ただ、天井裏から何かの足音はよく聞こえてきましたね」

また帰省時に、この部屋にて怪談のネット配信

を行ったこともある。

ちょうど札に纏わるエピソードを語り終わったところで、やはり天井裏から、ガタガタという音が鳴り響いたそうだ。音はきちんとマイクに拾われ、配信にも流れたため、コメント欄が騒然となった。

「まあ、動物かもしれませんけどね。古い家なので」

もちろんイタチやハクビシンなどが入り込んだ可能性は否めない。しかし封じ込められたのは「狐」なのだから、それが天井裏を動き回ったら同じような音を立てるだろう。その可能性も否定すべきではない。


そしてこれは、煙鳥君の父がまだ幼かった頃の出来事だ。

近所で大きな火事があった。隣の家屋を焼き尽くした火の手は勢いを増し、こちらへと近づいてくる。

このままでは我が家に燃え移る。しかしもうどうにも対応する手段はない。とにかく家族全員、離れて見守ることしかできない。

そして炎は縁側へと到達した。

祖父母と父は、先祖から受け継がれた家が今正に燃え落ちんとする光景を、ただじっと見つめていた。

そこで予想外のことが起きた。

屋根の斜面に沿って、水が流れ出してきたのだ。何処から降ったか湧いたか分からない水がみるみるうちに量を増し、ざあざあとこぼれ落ちていったのだ。

軒先からのにわか雨によって、壁にとりついた炎はすっかり消え去った。

――そのおかげで、うちだけずっと家が残っているんだ。

煙鳥君は父からそう聞かされた。父もまた天井裏に棲むものについて祖父母から聞かされていた。祖父母もまたその親から、その親もまた……。

実家にて

妻の夢

「これは私の夢、ついこの間、見た夢なんだけど」

二〇二二年に入って間もなくの、とある深夜のこと。

仕事で疲れきって帰宅した煙鳥君が、妻に向かって「今日は一日、何にもいいことがなかったわ」などとこぼしたところ。

「じゃあ、君は怖い話が好きだから、せめて私の見た怖い夢の話をしてあげる」

妻はいきなり、そんなことを言い出した。

「私は夢で、病院の待合室にいて、ずっと呼び出しを待ってたのね」

そして数日前に見たという夢を、問わず語りに喋り始めたのである。

病院にいる私は、腕に自分の子供を抱いているの。

首なしの男の子。首がもう、引きちぎられてて付いてないの。手足がだら〜んと、だらしなく垂れてるの。

子供の服も血まみれ。自分の服も血や膿《うみ》でべったり。

それでも私は必死になって、

「大丈夫だからね！　大丈夫だからね！」

ぎゅうっと抱きながら診察の順番を待っているの。

まだ生きてるかもしれない。そう信じて、周りの目も構わず声を掛け続けるの。

そんなことしているうちに名前が呼ばれたから、急いで診察室に駆け込んでね。

「先生、あの、首がなくても生きていることってあるんですか⁉」

子供の両脇を掴んで、付け根だけぺこんと垂れ下がっている首を、ぐいって前に差し出したの。

医者はうわって顔をしかめて、

「奥さんこんな酷いのは……」

「でももしかしたら！　ほら！　ほら！　ほら！」

私が医者の目の前に子供の身体を突きつけていくたび、その手足がぶらぶら揺れてね。

「奥さん、ダメです」

医者は有無を言わさないように、きっぱり断言したのよ。

「こんなに酷いのはダメです」

そう告げられた瞬間、理性の糸がぶちって切れるのが分かった。

絶対に殺してやる。

私の子をこんなにした奴を絶対に殺す。

それしか考えられなかった。頭がおかしくなってた。

でも、そしたらね。

ブルブルブルブル……って、子供の身体が震え出したの。

あれえ？　って思っているうちにね、何かね、身体がね、ぎゅううううううってなったんだ。

これ、伝わるかな？

レーズンとか干物が干されて縮んでいく感じ、分かる？　あれを凄いスピードで早送りしたら、こうなるのかなって。

そんな感じで子供の身体、ぎゅううって圧縮して震えて痙攣《けいれん》して、身体が変形しながら縮んでいくんだ。

ああ、よかった！

動いてる！　生きてる！

嬉しくて安心して。じっと見てると、首もにゅるにゅる生えてきてくれてね。

「あ、あ、ぎ、い、い」

そんな声を上げながら、どんどん伸びてくるんだ。

よかったよかった。生きてる生きてる。

でもそこで、あれ？　って気づいたんだ。

自分は右手で、首なしの子供を抱いている。

でも左手も、ちゃんと子供と手を繋いでるんだ。

左に顔を向けてみたら、長男君がいるのね。私としっかり手を繋いでいるの。

長男君はものすごい不安そうな顔して、私と抱かれた子供を交互に見てるの。

あれ、あれ、あれ、おかしいぞって。

長男君はここにいるとして、あと私達の子は妹ちゃんだけじゃない。他に男の子なんていないいじゃない。

だとしたら、この子は誰？

震えながら頭が生えてきているこれ、何？

「あ、あ、ぎ、ぎ、ぎ」

人間じゃないんじゃん、こんなの！

そう思った瞬間、目が覚めた。

布団の中で飛び起きて、心臓バクバクになってて。

うわ~めちゃめちゃ嫌な夢だったな。超リアルだったし。

長い溜め息ついてから、左側を見たのね。

隣にはもちろん長男君が寝てるんだけど。

もにょもにょ、もにょもにょ寝言呟いてるの。うなされながら、必死に。

「何かいる、何かいる」

ってね。

苦しそうで可哀想だったけど、私ものすごく怖くなっちゃって、起こせなかった。

だってあれ、きっと私と同じ夢を見てたんだよ。

そんな話。

じゃあ、おやすみなさい。


このことは妻に言っていないのだが。

煙鳥君には、生まれてこなかった兄もしくは姉がいる。

彼のお姉さんは、母の胎内では元々双子として育っていた。しかしある時期から、二つあった心臓が一つに減ってしまったのである。

そういえば母はお寺に行くたび、少し離れた境内の隅にある水子地蔵に手を合わせていた。

そのたびに父親は、「お前は行かなくていいからな」と自分を引き止めていた。訳も分からず、あのお地蔵さんは女の人が行くところなんだろうな、と思っていた。

事情を理解したのは大人になり、両親から「本当はもう一人、お姉ちゃんと一緒に生まれるはずだった兄か姉がいたはずなんだ」と教えられてからだった。

その子が妻の夢に出たのだろうか。生まれなかった子供が、奇妙な形で我々の前に現れたのだろうか。

いや、もしくは……。

また別の心当たりも、煙鳥君は持っている。

自分と自分の家と、妻になるかもしれなかった女性と、生まれなかった子供に纏わる、とある思い出が。

56

実家にて

神木と縁

煙鳥君は大学時代、映画サークルに所属していた。

その上映会の打ち上げに、Sさんという女学生が同席したことがある。友人の友人といった程度の繋がりで、たまたま飲みの席が近くに位置していただけだった。

それでも会話を交わすうち、同じ大学の同級生だと判明した。最初から何となく話が合い、自然に距離が縮められた。

そしてまた、サークルの繋がりで何度か顔を合わせるようになった。Sさんのほうから煙鳥君のいる場を求めたのかもしれない。

何故だかは誰も分からない。しかし、それが必然であるかのように二人の仲は急速に深まっていった。

「私のお母さんもあなたと同じで、実家が福島だったんだって」

しかもよくよく聞いてみれば、彼女の母の実家は煙鳥君の実家と同じ地域、もしかしたら町村レベルでも同じくらいに位置しているというのだ。

凄い偶然だね、と二人で驚いた。

大学二年の春、二人は恋人同士となった。

そして同じ年の秋、二人は別れた。

これから記すのは、彼らの縁が結ばれてしまった原因と、その縁が解かれてしまった理由についてである。


二〇〇七年の初秋のこと。

煙鳥君は、生まれ育った実家のある、会津の山村に帰省していた。

それはまた、Sさんの母親の実家があるかもしれない地区ということだ。

まだ恋人同士だった煙鳥君にしてみれば、彼女のルーツを探してみようと考えるのは自然な流れだろう。

ひとまず、この土地に一番詳しい祖母に「S」という苗字について訊ねてみたところ。

「何だおめえ、Sの家について知りてえのか」

確かに、その名前の家はあるのだという。だとすれば、この地方には珍しい苗字だから、本当にSさんと繋がっている可能性は高い。

ただし正確に言えば、S家はこの村に「かつてあった」だけなのだ、と祖母が説明する。

「うちの前の坂を上った先に、お宮があるだろう」

それはすぐ理解できた。神主はいないが、きちんと維持されている神社だ。祖母によれば地区内の「オヤカタサマ」と呼ばれる四つの家が、管理を受け持っているのだという。

因みにそこは、本書の「土地遣い」にも出てくる、あの神社のことだ。

「お宮の近くの、あの、誰も住んでない家」

それがS家だというのだ。

壁どころか屋根まで崩れ落ちた、なのに誰も取り壊そうとしない、あの廃屋が。

「大分気味悪い話になるけど、いいか？」

祖母はこれから、その家が朽ち果てた経緯を語ってくれるのだという。

「ちょっと待って」

煙鳥君はノートと筆記具とともに、録音のためのＩＣレコーダーを取り出した。この頃の彼は実話怪談の取材を開始し、のめりこみ始めたところだ。更にまた大学の社会学部にてフィールドワークの技法を教わり、そちらにも深い興味を示していた。

つまり取材対象者の証言をきちんと記録する癖が付いていたのである。

「いいよ、教えて、その話」

煙鳥君はレコーダーの録音スイッチを押した。

――戦後すぐ、の頃だったはずだ。

この地域に、Sという家族が引っ越してきた。

当主である老父を筆頭に、彼の妻、息子夫婦やその兄弟達を抱えた一家である。当主は何処かで事業を成功させた資産家のようだった。

その資金を以て、坂上の神社周りの土地を大規模に買い取っていったのだ。

「随分豪勢なもんだねえ」

家を建てるだけなら不要な面積まで購入していたことを、地元民達は不思議がっていた。

その理由は、すぐに判明する。

例の神社の脇には、大きな桐の木があった。大人二人掛かりでも手を回しきれないほどの胴回りをした、古くからの大木だ。

恐らく周囲はかつて鎮守の杜だったのだろうが、明治の廃仏毀釈か資本経済の浸透かによって神社の土地は縮小の憂き目にあっていた。

それでも唯一残された立派な桐の木は、地元民から御神木として崇められ、大切にされていたのである。

その大木が、突如として伐採された。S家当主の指示である。彼の狙いは土地ではなく、桐の木そのものだったのだ。

桐箪笥と言えば高級家具の代名詞である。そんな桐材が高値で取り引きされるのは周知の通りだが、当時、特に会津桐のブランドは人気があった。

桐の神木は、根元を残して切り取られてしまう。後には、切り株とすら呼べないような無惨な根っこだけが残された。

それから間もなくのこと。

ある夜、祖母は尿意に押されて目を覚ました。当時の便所は母屋の外に設置されているので、いそいそと庭へ出ていったところ。

「坂の下から、明かりが上ってきたんだ」

七十年前の会津の山村なので、夜中に出歩くものがいるだけで異常事態だ。祖母は物陰に隠れ、そっと様子を窺《うかが》った。

明かりが近づくにつれ、それが四つの手提げランプだと分かった。それはいいとして、明かりを持っている人々に驚かされた。

壮年の男四人が、裃《かみしも》をまとった正装で、しずしずと坂道を歩いている。ランプに照らされるのは、いずれも見知った顔。神社を管理するオヤカタサマ、その家の当主四人である。

……なんだろう？

行列は家の前を通り過ぎ、坂上の神社へと向かっていった。四人が入ったお宮には明かりが灯された。何か話し合いのようなことが行われているようだ。

祖母は物陰から顔を出し、しばらく様子を窺っていたが、その間に彼らがお宮から出てくることはなかった。

それから数日の間、やはり夜中の同じ時間、裃姿で神社へ入っていく四人の姿を幾度か見かけた。あるいは自分が気づかない日にも同じ行為をしていたかもしれない。

触れてはいけない雰囲気がにじむ彼らの行動について、祖母は、家族の誰にも打ち明けなかった。その判断は間違っていなかった、と今でも思っている。

「オヤカタサマの四人の人たち、何かやったんだ。願掛けだか拝んだんだか、何かしんねえけど。何かやったんだ。それはすぐに分かった」

S家の嫁が産気づいた。

妊婦は病院ではなく自宅で出産する。産婆とともに地域の女達が集まり、分娩を手伝う。それもまた当時の村の常識だった。祖母も補助要員の一人として、S家に出向いていたのだが。

「最初は、逆子だと思ったんだ」

股から出てきた足先を見て、これは難産かと思案した。しかしその予想は、悪い意味で裏切られた。

分娩されたのは、足だけだった。

胎児の上半身は綺麗さっぱりなくなっていた。聞いたこともない話だが、母胎の中で、腰から下の下半身しか育たなかったのである。

「桐の木ぃ切ったからだ。根っこだけ残したからだ」

だから足だけになったんだ、と村の女達は囁《ささや》いた。

それから一年して、またS家の嫁が臨月を迎えた。女達は始めから暗い顔をしてお産に立ち会い、そして皆の予想通り、また足だけの赤子が産まれた。

程なくして、その嫁も産褥《さんじょく》により亡くなった。

そこから堰を切ったように、Sの家人達が次々と病気に倒れ、あるいは不慮の事故に遭うなどして、どんどん命を落としていった。

「最後は、爺さんだけが一人ぼっちで残された」

そしてとある冬の日、家の軒先で孤独死している当主を、近所の者が発見した。方々へと連絡してみたのだが、Sの親戚縁者は誰も捕まらなかった。

神木伐採の累は、離れて暮らす血族にまで及んだのだろうか。遠縁まで含む全てのS家関係者は、死んだか離散してしまったようなのだ。

こうして断絶したS家は、その家屋の残骸だけを、未だ坂の上に晒し続けているのである。

「爺ちゃんにも言えなかったことだけど、おれぁもう長生きもしねえだろうから、おめえに話しといてやったんだ」

煙鳥君はICレコーダーの停止スイッチを押した。胃の腑《ふ》が絞られるように痛み、頭の血管がズキズキと脈打っている。

これは、この話は。

一体、どう考えればいいのだろう。

祖母の言う通り、七十年ほど前にS家が途絶えたならば、俺と付き合っているSさんは、全く別の血筋ということになるのか？

でもこの地域には、Sという家はもう他にないはずで……。

「婆ちゃん、S家の人たちは全員死んだんでしょ？　まだ家が続いてるってことはないんだよね？」

そう訊ねると、祖母は「いやあ……」としばらく唸るように考え込んで、

「ちっちゃい女の子が一人いたな。桐ぃ切る前の子だ。あの嫁さんの子でなくて兄弟の子かもしれんけど」

その女の子は、S家に不幸が続いた際、いつの間にか何処かへ貰われていった。だからその行方も、死んだかどうかすらも分からない。

「ひょっとして、あの子がSの名前を継いでいるのかもしれねえけどなあ」

煙鳥君は確信した。

それはSさんの母親だ。

三十代でSさんを出産したなら、年齢の辻褄は合う。

Sさんの口ぶりからすると、彼女は問題のS家に行ったことはないだろう。

また母親から、S家全体の血筋が途絶えたことも伝えられてはいないだろう。

しかし母親は未だSの姓を継ぎ、Sの家柄を保とうとしている。

それはただ家を絶やしてはいけないという、純粋な義務感なのかもしれない。でもそうして何とか受け継がれたSの血は、Sさんに繋がり、Sさんの配偶者へと、その子供へと繋がっていくはずだ。

そして俺は、Sさんと、深い縁を持ってしまった。

怖い。

再び、煙鳥君は確信した。

このままだと、自分とSさんは必ず結婚してしまうだろう。

そして俺達の子供は、足だけで生まれてくるに違いない。

東京に帰った後、煙鳥君はSさんとの関係を精算した。

そして大学のサークルにもなるべく関わらないようにした。

そのまま何事もなく月日が流れ、煙鳥君自身もSさんのことを忘れかけた頃。

久しぶりにサークルの男友達と顔を合わせる機会があった。

「何か忙しいの？　こっちにもたまには顔見せろよ」

「いや、まあ、そのうちね」

「Sとも、この前会って話したんだけどさあ」

ああ、そう……と、曖昧にごまかす煙鳥君の様子から友人は何か察したのだろう。

「え、何だよ。だってSとお前、凄くいい感じなんでしょ？」

「いや……何で？」

「だってS、お前と一緒に会津の実家に行くって言ってたぞ。お前んちのすぐ近くの家なんだって。それってつまり、お前の実家にも挨拶するってことでしょ？」

愕然とした。

一体Sさんはどういうつもりなのか。

もはや俺と彼女が揃って帰省などするはずない。

しかし仮に、Sさんが一人で母親の生家を訪ねたとしたら。

そこには屋根まで崩れた廃屋だけがあって、坂を下ればすぐ近くに俺の生家があるのだ。

Sさんは、その二つの家を巡ることで、何を感じるのだろうか。彼女は何を探し求めているのだろうか。


その後、煙鳥君とSさんが再会することはなかった。

Sさんはもうサークルに出入りしなくなったようで、共通の知人達も彼女と連絡は取っていないという。

大学三年生になる頃には、もはやSさんの消息すら分からなくなってしまった。


——以上が、煙鳥君とSさん二人の縁が結ばれてしまい、また二人の縁が切られてしまった、その原因と理由である。

また、これは余談となるのだが。

煙鳥君がＩＣレコーダーで録音した祖母の話。

それを確認してみたところ、サーーーーといったホワイトノイズが全編に被さっており、非常に聞きづらい音声になっていた。

しかしその理由が分からないのだ。同じレコーダーを使用していて、こうした不具合が出る事態は他になかった。また収録時の環境で、似たような音が響いていた記憶はない。

当時はこの異常が気になりながらも、深く考えようとはしなかった。

その後、煙鳥君は現在の妻と結婚し、二人の子供を授かった。

子育てをしていくには、様々な育児の知識を手に入れなければならない。特に、ぐずる赤ん坊をあやすライフハックは重要だ。

そんな中、煙鳥君はある情報を知った。

赤子を落ち着かせるには、ホワイトノイズを聞かせるとよい。

あのサーーーーという音は乳幼児の心を安らげる効果がある。

何故ならそれは、胎児が子宮の中で聞いていた音だからだという。

ということは……と煙鳥君は思う。

祖母の話を邪魔したあの雑音は、体内に響く音だったんじゃないか？

誰かの赤ん坊が、誰かの子宮の中で聞いていた音だったんじゃないのか？

でもそうだとしたら、その子供は誰で、母親は誰だということになるのだろうか。
そして、その子の父親は。

土地遣い　六　丸梅商店

香山集落の中心部は南北に道路が走り、緩やかな坂道となっている。

丸梅商店はその坂の一番低いところ、香山の入り口とも言える場所にある日用品店である。

店内に洗剤や肥料、他にパンやアイス、駄菓子などが並ぶ丸梅商店は集落唯一の商店であるため、集落の人がちょっとした買い物をするために立ち寄る場所となっている。

日中は高齢の方の憩いの場、夕方近くになると小学生達が駄菓子を買いに来る。陽が落ちれば、部活帰りの中学生達がアイスを買い、近くのベンチに座って友達と家に帰る前のひと時を過ごす、そんな場所だった。

僕も小学生、中学生の頃は学校の帰り道に立ち寄ってそうやって過ごしていたのを覚えている。

丸梅商店に立ち寄ったその日は、暗い鉄黒色の雲が覆う日だった。

会津は曇りの日がとても多い。冬の会津らしい天気だった。

かつてはカラフルであっただろう、色褪せたビニール製の暖簾《のれん》をくぐり、結露で真っ白になった店のガラス引き戸を開けると懐かしい光景が広がっていた。

大人がすれ違うのがやっと、というくらいの通路しかない店内には、チョコレートや麩《ふ》菓子、棚にゴム手袋や台所用洗剤が並べられていて、中学生の頃に見た店内と全く変わっておらず、自分の大きさだけが変わってしまったかのようで不思議な気持ちになった。

お菓子の棚ってこんなに低い位置だったっけか。

店の奥は小上がりになっており、冬は炬燵が置いてある。店番をしている通称サチコ婆ちゃんが炬燵に当たりながら、のんびりとみかんを剥いている姿を覚えている。

奥を覗くと小上がりには思い出そのままの炬燵とサチコ婆ちゃんの姿があった。この人は、僕が子供の頃から既に婆ちゃんだった気がする。恐らく今は少なくとも百歳近いのではないか。

サチコ婆ちゃんは僕の顔を見ても誰か分からないようで、訝しげにこちらをじっと見ていた。きっと集落で見慣れない若い男だな、と警戒しながら思っているのだろう。

僕がペットボトル入りのカフェオレと板チョコレートを手に取って差し出すと、サチコ婆ちゃんは「二百六十円な」と小さく口を開けて呟くように言った。

「お久しぶりです、反田の××（母の名前）の息子です」

小銭を差し出しながらそう言うとサチコ婆ちゃんは目を丸くして驚いていた。

「あんれ、どごのアンチャ《青年》がど思ったけな××さんの息子がい？　久すぶりだな！　わがんねがったおら！　いや、カサマ《母》そっくりだぞない！」

僕のことを覚えているらしい。

「おめえ、××さいんだって？　大変だな、帰ってこらっちゃのがい！　こっちさ上がれ！」

サチコ婆ちゃんは言いながら炬燵布団をめくった。サチコ婆ちゃんは母経由で色々と話は聞いているらしく、僕が現在住んでいるところや職業を知っていた。

思った通り、ここなら彫山家の土地について色々と聞けそうだ。

僕は炬燵に当たりつつ、今し方支払いを済ませたカフェオレとチョコレートを食べながら、世間話を交えて彫山家について話を聞くことにした。

小上がりでの会話が進むにつれ、買い物ついでの井戸端会議を求めた集落の住民が集まってきた。香山の社交場といえば、今も昔もこの小上がりなのだ。

集落の老人客が店に顔を出すたびに「何処のアンチャがど思ったで、××の息子が？」と驚かれる。

これだけここで集落内の交流があるのだから、誰か、何か知っている人がいるかもしれない。

「彫山さんのとこ、火事になったんですって？」

そう切り出すと、サチコ婆ちゃんや近所の人は矢継ぎ早に話を返してくれた。

「いんや、あそこはいろんなごどあんだで、泥棒さ入らっちゃり、火点《つ》けらっちゃり、スッ転んでバサマ死んだりよぅ」

「ころっと焼けっつまったんだ、車も車庫もよう」

たくさんの話が跳ね返ってきて頷いていると、ある老人がその会話の中でこう言った。

「あれ、だってあそごはアレだべした、彫山さんの」

「ああ……」

僕がアレって何ですか、と返すと老人達は「おめえ、何も知らねえんだなぃ」とあきれ顔で言った。

「ヨソさ行ってから知らねぇのあだりめだべ」

「んじゃ、オラダズ《私達》では言わんにな、トウコ姉、黙ってんだべ」

と小さな声で交わした後に、その話題を急に逸らされてしまった。

老人達の言う、トウコ姉とは集落内に住む老人で彫山家とは親戚に当たり、僕の祖母と仲が良い人物である。僕が小さな頃は道で会ったりするとお菓子をくれたり、とても可愛がってくれた人だった。

どうやら、余り触れてほしくない話題のようだ。しかし、トウコさんはそれが何か知っているらしい。トウコさんがその話題を僕に話していないから、勝手に自分達から話す訳にはいかない、ということのようだ。

ここでしつこく聞いては、今後の聞き取りに悪い影響しかない。僕は話題を一度離れて放火や泥棒のとき自体の話題を振ってみたが、新しい情報はなく、現場に居合わせた人もいなかったので手掛かりになるような話は得られなかった。

ふと、話をしていて頭に浮かんだことがつい口に出た。

「彫山さんの土地って悪いことが一杯起きてますけど、彫山さんの家とか道路挟んだあっち側の土地は何ともないんですか」

そう聞くと、老人達に「おめぇ、ほんに何も知らねぇんだなぃ」と再び呆れられてしまった。

「ねぇよぅ、悪ぃごどなんちゃ」

「彫山さんどごは車もアダラシイ《新しい》のさ変えてよう、車庫もあっぺな」

どうやら、凶事が起こっているのはやはりあそこの土地の上だけらしい。

家や血筋などではなく、やはり土地なのか。

しばらく世間話を交えながら話を聞いていたが、目ぼしい話は得られなかったので礼を言って立ち上がり、後ろ手に丸梅商店の引き戸を閉めようとした。

炬燵に足を知れた老人の一人が発した「あれ、ヨソさ行ってっからなんも知らねえんだなぃ」という言葉を、僕は背中で受け止めるほかなかった。

土地遣い

七　二度目の放火　消火活動中の写真

※二度目の放火状況

エリさんがスマートフォンにて撮影、提供。

土地遣い

八　放火、事故

二度目の放火の写真、その中央部に消防団の法被《はっぴ》を着た男性が写っている。茫然と車庫を見るように佇む彼は、僕の幼稚園からの幼馴染み、タイチである。

彼は香山集落の出身で、高校を卒業した後地元で就職して、現在消防団に所属しながら子育てに励んでいる。僕が中学生の頃まで香山によく行っていた、というのはタイチの家に遊びに行くためだった。タイチとは高校が別になったので殆ど遊ばなくなったが、今でも友情を感じている仲間の一人だ。

エリさんから貰った写真にタイチが写っていたことに僕は少し驚いた。消防団に所属しているので考えてみれば当たり前のことではあるが、それでもこの事件の最前列でタイチも目撃し、消火活動に参加していたのだった。

タイチに早速連絡を取り、話を聞くことにした。

「おめぇ、東京行ってからあんま同窓会にも来ねぐなったなぁ、でもおめぇのお母さんから今福島さ帰ってきてるっては聞いてんぞ、子供もいんだべ」

相変わらず会津訛りながらも、やんちゃさの残るしゃべり方が懐かしかった。

「火付けのごどが、最初はシェパードの裏に火点けらっちゃの、近くのバサマがケム《煙》上がったの見っけで『火事だ、火事だ』って騒いだんだど」

最初の放火のときは、明け方近くの午前五時頃だったそうだ。この放火を最初に見つけたのは近所に住む老婆だった。集落の老人の朝は早い。犬の散歩をしていたその老婆は、シェパードの裏から煙が立ち上っている状況を、シェパードの屋根越しに見つけた。

不審に思いシェパードの裏に回ったところ、そこにあった廃材に火が点いているのを見つけて彫山家に火事だと知らせ、通報した。

その際、タイチも消防団として出動し消火活動に当たった。裏の杉林に若干火が及び、またシェパードの外壁を焦がしたが、その程度の損害で済んだ。

僕がシェパードの裏で見つけた焦げた木のようなものは恐らくこのときのものだ。

シェパードはもちろん無人である。火元も廃材であることから消火活動中も皆不審に思っていた。

「火事になっと警察来っぺな、んでゴミんどこ見だっけ、発煙筒あったんだってよ、その日朝雨降ってたんだ」

恐らく、犯人はそれで火を点けたのだ。発煙筒を使った理由は、雨が降っていたからだろう。発煙筒は雨天でも火が点くように作られている。つまり、犯人は降り頻る雨の中そこまでして火を点けたかったのだ。

「完全に火点けだべ」

その後、シェパードは外壁を工事したため現在のように外観が美しいにも拘らず、表にある立て看板だけが古いのだという。

二回目の放火の際は、発見が遅れた。

午後九時頃、帰宅するために集落の道を通っていた人が発見したがそのときにはもう、既に炎は南側の壁と東側の壁を覆っていた。

この日、彫山家は不在だった。タイチも出動してこのときの消火活動に当たった。

「もう、あそこまでいぐとダメだ、止めらんねぇ、ここ山奥だから消防署も遠いべ、んだがら俺らでポンプやったけんどもダメだな、消せる勢いじゃねぇよ」

結局、火は車庫を全焼させるにとどまらず、二台の車とトラクターをも焼いた。南側の壁付近が最も損傷が激しいことから、そこから火が点いたことになる。もちろん火の気はないため、放火であると結論付けられた。

彫山家は瓦礫になってしまった車庫を片付け、新たに車庫と車、トラクターを購入した。

この放火のことは母からよく聞いていた。

何故ならば、僕はこの日たまたま実家に帰ってきていた。そして実家から現在の家を目指して出発した時間から計算すると、この事件が通報される約二時間ほど前に僕と家内と息子はこの現場の前を車で通っている。

帰宅すると母から電話が来ており、この事件を知らされたのだった。

犯人は一件目、二件目ともに捕まっていない。

「後で俺ん家さ警察来て、親父に『彫山さんに怨みを持ってる人とか、思い当たる人いませんか』って聞かっちゃってよ、いねぇよなぁそんな人、でも泥棒もあったし、警察もあそこはおかしいな、彫山さんに怨みある奴いんじゃねえかって思ってんだべな」

「何なんだべなぁ、あそごばっかよ、火付けだの人死んだりよ、その後にトラクターでセイジさんがシェパードさ突っ込んでんだよな」

最初の一件目の転倒死亡事故、彫山家のトヨさんが亡くなった冬が終わり、春が来た。

セイジさんがトラクターを運転して車庫から車道へ出た際、ギアとハンドル操作を誤り、シェパードの外壁に激突した。

その際、外壁とトラクターの間に左足を挟み、骨折した。轟音を聞いて集落の人が飛び出してきて発見したときは、トラクターからセイジさんは投げ出されており、外壁とトラクターに挟まれたままで身動きができない状態だったそうだ。

「だがらよ、シェパードの外壁ってその後も火事んとき直してっから二回も直してんだな、おがしいべした、何であそこばっか悪いこと起こるんだが」


僕はタイチに気になっていることを聞いてみた。

僕が小さな頃の記憶では、あの車庫と美容室があった土地には確か青いトタン屋根で平屋の一軒家があったような記憶がある。農機具小屋等ではなく家だと思ったのは造りが土壁でしっかりしていて、農機具小屋によくあるような、上から見ると正方形や長方形などの単純な作りではなかったためだ。

そこには当時誰も住んでいなかったようで草に埋もれていて、蔦《つた》や葛《くず》の蔓《つる》が屋根まで届いていた。

恐らく、現在シェパードと車庫がある土地は、その廃屋があった辺りに建っていると思うのだ。

しかし、何分昔のことであるから記憶違いかと思い、タイチに聞いてみた。

「あぁ、あったぞなぁ、シェパードとか車庫できる前だべ、青いトタンの家な、確かあそこの家は彫山さんっつうオヤガッツァマだったたって聞いたな」

「彫山さんてことは、あのシェパードの道路向かいの彫山さん？」

「んだべな、多分、でも今の彫山さんはオヤガッツァマって呼ばねえよな」

オヤガッツァマ、とは訛りを抜いて発音すると「オヤカタサマ」となり、この辺りの土地の地主兼区長、集落のまとめ役のような立場の家のことである。今ではもちろんこのような制度はないが、呼び方だけは残っているので元オヤガッツァマである家については集落の老人達は苗字でなく「〇〇（地域名）のオヤガッツァマ」と呼ぶ。

元オヤガッツァマの家は大体が敷地も広く、門付きの大きな家であるが、僕とタイチの記憶にある青いトタン屋根の一軒家はとても小さく、門などなかった。

あそこが彫山家、オヤガッツァマの家、だというが現在シェパードと車庫の持ち主である彫山家をオヤガッツァマとは呼ばない。

どういうことだろう。

「俺はこれ以上、わがんねぇよ、昔のことはおめえの親父さんに聞いたほうが詳しいべよ」

それもそうだ。

タイチに礼を言うと、僕はこの一件のきっかけとなった父から、土地の歴史について詳しい話を聞くことにした。

土地遣い

九　彫山家

父に彫山家、そしてシェパードと車庫のあった土地にかつて建っていた廃屋について訊ねたところ、彫山家の歴史について語ってくれた。

「彫山さんの今使ってる土地のとこあっぺ、あそごは前違う彫山さんが住んでたんだ。苗字同じなんだげんじょ、今もういねえんだ」

つまり、タイチとの会話で出た「何故現在ある彫山家をオヤガッツァマと呼ばないのか」の答えはオヤガッツァマである別の彫山家があの土地にあったからだ、と分かった。

件の土地にかつて住んでいたオヤガッツァマである彫山家について、分かりやすくするために旧彫山家として書く。

また、旧彫山家は周辺各地域のオヤガッツァマの、更にその取りまとめ役となっていた家だった。

かつては非常に大きな屋敷と井戸を二つ持っていた家だったが、父が子供のときには既に小さな家しかない状態であった。

この旧彫山家の邸宅があった場所が、現在シェパードと車庫が建っている場所になる。父の言う「小さな家」とは、僕とタイチの子供の頃の記憶にあった青いトタン屋根の家である。

「婆ちゃんが嫁に来て、そのくれえからだっつうんだけど前の彫山さん（旧彫山家）の家の人がみんな、死んずまっただど、で一人だけ残ったバサマがあのちっちぇえ家で魚屋やってたんだど」

祖母に聞いたところ、当時の旧彫山家は、記憶では三人家族で当主、その妻、そして独身の息子がいたそうだが、当主と息子が立て続けに亡くなった。理由は病死であるとのことだったが詳細は忘れてしまった、と語っていた。

それから家を維持できないという理由で大きな屋敷は放置され、脇にある元は離れとして使っていた一棟に、一人残った妻が魚屋を営んで生活していた。

母屋や他の箇所は老朽化が進み、崩れる危険があったことから、門などとともに解体した。

そのため、オヤガッツァマの呼び名と、離れとして使っていた小さなこの一棟だけが残った訳だ。

これが青いトタン屋根の小さな家である。

ある日、近所の人が最近その妻の姿を見ていない、と気づいた。様子を見に家まで行ってみたところ、妻は台所で倒れていた。既に事切れていた。

いわゆる、孤独死だった。

「んで、大変だー、葬式出さんなねとなったんだげんども他所の親戚が連絡全く付かねえんだど、結局今の彫山さん（現彫山家）が遠縁だっつうんで取りまとめて集落みんなで葬式さ出しただど」

祖母が言うには旧彫山家の他所の親戚は恐らく絶えているのだろう、と語った。

旧彫山家の妻が生前、近所の人に「オラエ《私の家系》みんな死んずまったがらよ、誰もいねぇがんな、後でみんなさ迷惑カゲッツマウナ《迷惑を掛けてしまうな》」と言っていたそうだが、僕の家はこの集落ではないので祖母は人づてに聞いたことである、とも語っていた。

それから小さな家と二つの井戸が残されたまま廃屋となり、草と雪に埋もれるまま長い年月が流れ、現在から数年ほど前にさかのぼる。

「セイジさんが『あそごの彫山さん（旧彫山家）の土地さ、前に使っていいって遺言さっちだんだ、おらえ彫山さんと遠縁だべしよ、あそごさエリの美容室と車庫建てんだ』っってコンクリ張って、今の車庫と美容室建てたんだな」

セイジさんは近年になって、彫山家の廃屋を解体して更地にしたうえコンクリートを張り、その上に車庫とシェパードを建てた。

そこから、五年の間に放火や事故死、窃盗事件等が起こるようになる。


トウコさんの家は集落の中ほどにあり、大きな平屋の一軒家である。

かつて牛小屋があったことを示す、曲がり家と呼ばれるL字型をした構造をしており、トウコさんから「オラエは前に牛いたんだ」と牛を飼っていた頃、そしてその牛が売られていくときに泣いた話を何度も小さな頃に聞いていた。

この日は雪がちらついていたが、会津の冬らしい大粒のぼさぼさとした雪ではなく、今年の冬は本当に雪が少ないなと思いながら家を訪ねることにした。

運よく、トウコさんは玄関の近くで洗濯物を干していた。声を掛けたところ「久しぶりだなオメ！　いたんだか！」と温かく僕を迎えてくれた。

近況等を聞いた後で、タイミングを窺い件の土地について聞いてみた。

「あそごよ、今セイジさん（現彫山家）使ってっけどよ、あそご彫山さんの土地じゃねえんだ、今の彫山さんとオヤガッツァマの彫山さん親戚でも何でもねえんだ、苗字同じだけなんだ、それ集落みんな知ってんべし、思ってっつぉい、おめのウチはこっち《集落》でねぇから知らねえべ」

これには驚いた。

そもそも親戚ではない、とは現彫山家の土地でもないところを、根拠なく使っているということか？

恐らく、ここから語られる内容が丸梅商店で老人達が「オラダズでは言わんにな、トウコ姉黙ってんだべ」と言って僕に語ろうとしなかった「アレ」の内容なのだと。

「セイジさんな、むがし引っ越してこっちさ来たんだぞ、んでオヤガッツァマはずっとずっと前から住んでんだがんな、葬式んときにいきなり『遠縁だがら』なんつったけど、みんな知ってんだ、そんなんでも何でもねえって」

現彫山家はセイジさんが子供の頃にこの集落へ引っ越してきた。

旧彫山家はずっと昔からそこに住んでいたのであり、また旧彫山家で生き残った老婆も、集落の人たちに「おらえみんな死んずまったがらよ」と言っており、トウコさん本人も言われたことがあった。

旧彫山家の道路向かいの家には現彫山家の家がある。そこに親戚が住んでいるとしたら、確かにこの発言には違和感がある。

「だがら、おがしいんだ、セイジさん、最近になって『おらえの親戚だー、遠縁だー、遺言で土地貰っただー』ってよ、おがしいべした、親戚でねぇっつうのはみんな分がってんだ、そんなのから遺言で土地貰ったってよ」

田舎は親戚、血縁関係には非常に詳しい。

それは人間関係が都市部と違い密接であるため、冠婚葬祭において関係性を知っていないと、失礼に当たる場合が多くある。

そのため、特に祖母や老人達は集落内の親戚関係をよく把握している。

老人達が血縁に詳しいことは僕も常識であったため、トウコさんの話にはとても説得力を感じた。

トウコさんが言っていることは、親戚でないことは間違いない現彫山家に対して、遺言で土地を使ってもよい、と言うこと自体がおかしい、土地を乗っ取っているのではないか、ということだ。

「何だがわがんねえげんじょもよ、オヤガッツァマの家（旧彫山家）の位牌あんべな、そ
れセイジさんの家で持ってがねがったんだど、親戚だったらおがしいべした」
青いトタン屋根の家を解体し、車庫とシェパードの工事をするときに、家の仏壇から位
牌が出てきた。
旧彫山家が絶えてしまってから、ずっと廃屋の中に放置されていたことになる。
セイジさんはその位牌を持ち帰ったが、何故か現彫山家では祀らなかった。
「セイジさんよ、これはオラエ《私の家》におぐより、神社さ持ってったほうがいいべつって、お宮
さ持ってって置いてきたんだど」
工事の際に出てきた位牌を、集落内の神社へ持っていきそこに勝手に置いてきてしまった。
通常ならば仏壇にあるべき位牌を神社、しかも神主が常駐しているのではない、集落内
にある無人の小さな神社に置いてきた。
何故、このようなことをしたのかは分からない。
「何回もみんな、それやめんべ、やめだほうがいい、おがしいべっつったんだ、んでもセ
イジさん聞かねえんだ、こんじ《これで》いいんだ、これは神様のどごさあったほうがいいんだっつっ
て、んで誰でも話聞かねえがらみんなもう言わねえごどさしたんだ、セイジさんは家族の
話も聞かねえしよ」

トウコさん曰く、今も集落の神社の中に旧彫山家代々の位牌が放置されたままになっているという。

丸梅商店で老人達が僕に語ろうとしなかったことはこのことだろうか。

この話を聞いているときは、まるで時間が止まったようだった。

それほどトウコさんからの話に驚き、本当は僕のような者は聞いてはいけない話だったのではないか、この集落の暗い部分に足を踏み入れ始めている、と感じていた。

気が付けば、外の雪はさっきよりも粒が大きくなっている。実に会津らしい雪に変わっていた。

空はどんよりとした暗い鉄黒色をしていた。

ここまで来たら、できる限り調べてみたい。

僕はトウコさんの家の炬燵に当たりながら、旧彫山家の位牌が放置されている神社に行くことを決めていた。

土地遣い

十　香峰神社の写真

※香峰神社の外観

ひもじい

竹内益美は関東の大学を卒業したのち、地元秋田の会社に就職した。

これは彼女がその就職先の内定が取れたばかりの頃、家族へ報告するために秋田に帰省したときの話である。


久しぶりに実家へ戻れた安堵感は、母の一言で揺らいだ。

「あんた、屋根裏部屋に泊まらないとね」

昔から物置として使われている屋根裏部屋。

小さな頃、弟とかくれんぼをするときには重宝したものだが、大人の衛生観念を持った今となっては埃っぽく雑然としたあの場で寝るなどぞっとしない。

「いやよ。あんな所」

「でも……しばらくいるとなるとねえ」

母の声色は冗談めいた風には聞こえなかった。

「居間に布団敷いちゃダメなの？」

「それはダメよお。どうせあんた、朝起きないんだから、邪魔よお」

進学した姉の部屋を奪った弟は、二人の会話を「あの汚い屋根裏部屋を片付けるの？大変じゃん」と悪びれた様子もなく笑う。

就職後には一応、自立した生活をするつもりだった。

とはいえ、地元に住むなら頻繁に実家に寄ることになるだろう。

せっかく生家でゆっくりできそうな折に、居場所がないようでは具合が悪い。

高校生の弟から部屋を取り返して、屋根裏へ追いやるのも不憫《ふびん》に思えた。

「掃除はママも手伝うから、まあいいじゃないの。あそこ、押し入れもあるんだし。住めば都よ」

昼食後、母と屋根裏部屋に上がった。

部屋では幼少期の思い出の玩具、今はもう着ることがない家族の古着、雑貨や本などが、まとまっているような雑然としたような具合で段ボール箱に詰められたり、床に積まれたりしていた。

「これはもう捨てないと」

「ああ、これこんな所にあったのね」

などと呟きながら、母はテキパキと片付けをこなす。

一方、益美は若さを生かして、なるべく大きなボックスの移動をするようにしていた。

そして一つの段ボールから、それはどさりと落ちた。

ほんの一瞬だけ、その毛並みとふくよかな質感から、ぬいぐるみの類かと思った。

しかし、すぐさま落下したものが鼠《ねずみ》の死骸だと気づくと、益美は母と同時に叫び声を上げることとなった。

一家が家で鼠を見たことは一度もなかった。

故に、二人ともどう処理すべきかしばらく迷う。

「えっと！　箒《ほうき》！　箒とちり取りで拾ってから袋に！　そしたら、外に！」

親子は階下に降り、死骸を外に出すための一式を取って屋根裏部屋に戻った。

「早く！　早く！　……あれ？」

落ちた場所に死骸が見当たらない。

誤って蹴ってしまったのかもと、四つの目で見回せる限りの床を確かめたが、何処にもない。

「ママ……あれ、まだ生きてたの？」

「そんな訳ないよ。あんなにグニャッとして、あの目は完全に死んでたわよ……」

「だよね。じゃあ、何処に行ったの？」

「ママにも分かんないわよ。おお。気持ちが悪い」

不安はあったが掃除の手を止める訳にはいかない。

二人はブツブツと不愉快な気持ちを呟きながら、片付けを終えた。

そして、屋根裏での就寝が始まってからの数日後の夜。

益美は異音で目が覚めた。

ガタガタ。

バタバタ。

ガタガタガタ。

バタバタバタバタ。

何かが走り回る音は部屋の中で響いていた。

キイ、キイ。

ピイ。

更に鳴き声。

暗がりの中で目覚めてすぐには、それが何か分からなかった。

だが、身体を硬直させしばらくその音を耳にしている内に、それが何かをうっすらと理解した。

鼠だ。

この四つ足の足音、この鳴き声。

鼠がやっぱりいるんだ。

キィーーー！

一際大きな鳴き声が響いた。

飛び起きて電気を点ける。

「ああっ！」

布団のそばに敷いた電気カーペットの上に、鼠が横たわっていた。

その鼠の首と胴体がやけに離れていて、カーペットには赤黒い染みが広がっていた。

しかもそんな状態になってすら鼠は痙攣し、自らが絶命していないことを益美に伝えている。

目を逸らすのも、見つめるのも難しい状況だった。

階下に逃げると、また死骸を見失うかもしれない。

いや。死骸が消失することなど、そうそうあるのだろうか。

何かが鼠の首を捻じ切ったようだった。

鼠がいただけでも大きな困惑があるのに、それを捕まえて力任せに捻るような存在も部屋の中にいるのだろうか。

辛うじて首を繋ぐ僅かな皮の幾筋が胴体から伸びていた。気のせいか、ビクビクと身体を震わせるその目が潤んでいるように見えた。

また異音が響いた。

次は押し入れのほうからだった。

ゴト……ゴトゴト。

明かりの下、音の原因は明解だった。

押し入れの戸が少し開いたのだ。

動けずにいると、戸の僅かな開放部分から痩せた皺だらけの腕がゆっくりと伸び、鼠を掴むとまたゆっくりと中に戻っていった。

ピシッ。

スローモーション再生された動画が正常なスピードに戻ったかのように、戸は勢いよく閉まった。

益美は勢いよく部屋を飛び出し、リビングのソファでタオルを被りながら震えて朝を迎えた。


翌日、青褪めた様子でリビングにいる姉を見て、弟は笑った。

「んな訳ないじゃん。夢だって、夢！　馬鹿馬鹿しい」

「あのさ……あんた、あんなの見てごらんなさいよ！　只事じゃないんだから！」

真剣な姉と嘲笑う弟の会話は結局、

「じゃあ、俺が屋根裏部屋に泊まってみるわ」

の一言で終わった。


そして、朝。

「ほらね……」

リビングで呆けたように佇む弟を発見した益美は、残念そうに声を掛けた。

「姉ちゃん……あの部屋……」

弟もまた異音で目覚めた。

ガツ……ガツ。

ガツガツガツ。

硬い物体をぶつけ合うような音だった。

姉から聞いた「鼠が蠢《うごめ》く物音」の想像とは大きくかけ離れていたが、音がするのは間違いないようだ。

静かに蛍光灯のスイッチを入れ、部屋を灯す。

この音の原因は、いつの間にか半開きになっていた押し入れの中にあった。

押し入れの中に腰まで髪を伸ばした全裸の老人男性が立っていて、ガツガツと音を立てながら片手に持つ何かを齧《かじ》っていたのだ。

「……ひもじい」

骨と皮しかないのではと疑うほど痩せた老人は、そう言って片手をダラリと下げた。

と同時に、齧っていた何かがゴトリと音を立てて下に落ち、ゴロゴロと転がる音が押し入れの中で鳴った。

「……あんなもん、本当に出るとは思わなかったよ……姉ちゃんの言った通り、あの部屋おかしいよ……」

押し入れ。

弟が見たものは自分が体験したときよりもかなりエスカレートしているような具合だったが、何かが押し入れにいるという点では共通している。

益美は真相を確かめるべく父に頼み、一緒に屋根裏へ上がることにした。

尤《もっと》も、父に詳しい事情を伝える訳にはいかない。姉弟で感覚が錯乱していると解釈されたら、父が可哀想だ。とはいえ兎にも角にも、押し入れを調べなければ話が前に進まないように思えた。

「パパ……鼠がいたのよ。物音もするし」

「そうかそうか、俺に任せとけ」

父はまるでここが見せ場とでも言いたいように意気揚々と階段を上がり、何の躊躇《ためら》いもなく押し入れを開けた。

「おお！」

芝居がかった声を出す父の背中を見ながら、益美は少し離れたところで身体をぶるっと震わせた。

「……何かあった？」

父は屈みながら押し入れに半身を入れ、何かを拾い上げた。

「何だこれ」

その手にはガラス製の小さなボトルがあった。

「え……」

好奇心が益美を父が立つ押し入れのそばまで二歩進めた。

ボトルにはラベルが貼られてあった。

「アロマボトル……林檎のフレーバー……？」

果たしてこのボトルがあの不気味な老人とどんな関係があるのだろう。

益美はボトルをまじまじと見て、何かヒントがないかと検めた。

父は再び押し入れの中に顔を入れていた。

「鼠はいないようだな……別に天板にも隙間がある様子もないし」

「ん……」

益美はボトルの蓋に細かい凹みが幾つかあるのを発見した。

弟は老人が何かを齧っていて、結局は力なくそれを床に落としたと言っていた。

この凹みが齧った痕なのだろうか。

「おおい。やっぱり鼠はいないけど、こんなものがあったぞ」

次に父が差し出してきたのは、経年で黒ずんだ陶製の小さな花瓶と皿だった。どちらも二つ。何かに用いるセットだろうか。

「この瓶は榊立て。小皿は塩と米を入れるものだよ。神棚で使うものだな。でも、何でここにあるんだろう。そもそもウチに神棚なんてないしな」

「ママ、こういのって高い所に置くんだよね」

「そうそう。神様は私達より高い所にいるもんだからねえ」

「あの棚の上でいいかな……」

榊の向きを直して、瓶を左右に置く。

小皿に乗った米と塩はその間へ。

林檎も一つ。

益美は手を合わせて、目を瞑った。

今まで鼠を家から避けてくれてありがとうございます。

家族を病気一つなく守ってくれてありがとうございます。

あたしの就職が決まって、こうやって家で過ごせるのも神様のおかげでしょうか。

これからもよろしくお願いします。

今まで気が付かなくて本当にすみませんでした。

正直、まだあなたが何なのかよく分かっていませんが、あたしにはこうすることしかできません。

何とかこれで許してください。

これからも、お供えはしますから。

今までひもじい思いをさせてすみませんでした。

※煙鳥君が寄贈されたボトルの蓋の様子

※　※　※

以降、屋根裏部屋で鼠を見ることはなく、押し入れが勝手に開くこともない。

煙鳥君は益美への取材時、「怪異の証拠」として、件のアルマボトルを寄贈された。

ひもじくなった神の齧り痕を見た彼は、「ほおお。はああ。へえ……」と頰を緩ませた。

ガレ場

　煙鳥君の幼馴染みの男性、仮にタクロウさんとでもしておこう。

　二人は幼稚園から小学、中学まで共に育ち、果ては高校、大学までも同じ学び舎に通っていたのだという。

　ここまでくると並たいていの幼馴染みの枠を超えていると思うのだが、そんな間柄にしても、何から何まで通じ合っている訳ではない。

　タクロウさんは別に怪談になど興味もなければ、これまで変わった体験をしたこともない。

　むしろ活発なアウトドア派で、二十五歳を過ぎてから山登りを新たな趣味に加えたほどである。

　とはいえもう社会人なので、それほど大がかりな登山はできない。

　せいぜい山小屋に一泊する程度。単独登山はするけれど、それほど難易度が高いところは行かない。タクロウさんの自己評価によれば、そのレベルは。

「中級の始まり、くらいじゃない？」

ただ、この趣味のおかげで、幼馴染み同士の話題が一つ増えたことだけは確かである。

何しろ去年、ついにタクロウさんは煙鳥君に、とある体験談を提供できたのだから。


二〇二一年、タクロウさんは長野の大天井岳へと向かった。

北アルプスのパノラマビューを望みながら進む、初級者や中級者にも人気の山だ。何より、頑張れば日帰りで行って帰ってこられるのも都合がいい。

「ピストン、って呼ばれてる方法で往復しようとしたんだよ」

まず、バスに乗ってある程度のポイントまで行き、大天井岳を目指して尾根沿いに縦走していく。大天井岳の山頂を踏破したら、また同じルートを引き返して、時刻を合わせたバスに乗り込み、市街地まで帰る。

少し慌ただしいが、数少ない休日を効率よく使うには最適な手段だ。

その朝、タクロウさんは目的地にてバスを降り、縦走ルートを意気揚々と歩き出した。

ただ、しばらく進んだところで雲行きが怪しくなっていく。来るな来るな……という願いも虚しく、やがて雨が降り始めた。

うーん、これはどうしようかな……。

引き返すにしてはもったいない距離を進んでしまった。もちろん山での雨降りなど想定内なので、よほどの豪雨でなければ、そのまま進行するのを迷うこともない。

ただ今回については不安があった。ちょうどこの先から岩だらけのエリアになってしまう。

いわゆる「ガレ場」という奴だ。

土ではないので足場が崩れやすい。雨に濡れた岩は踏ん張りが利かず滑りやすい。

「ガラガラと崩れるからガレ場っていうくらいだしねえ」

この悪天候で危険地帯に向かうのは、ちょっと怖い。

更に平日だからなのか、今日はまだ他の登山客の姿を見ていない。ということは足場が崩れて転倒・滑落し、もし動けなくなったら、幾ら声を出しても誰も気づいてくれないだろう。

引き返す勇気、とはよく言うけれども……。

結局、タクロウさんは前に進むことにした。

「ガレ場は、登るときは重心が上に向いているからまだましなんだ。滑るのが怖いのは、降りるときのほうなんだよね」

だからとりあえず登りはする。

しかし下りは、危険なので今日は止めておく。

大天井岳の山小屋に一泊して、翌日に下山ルートを辿ることにしよう。

いわば折衷案である。時間を有効に使うためのピストンだったのだが、ここで引き返すのも危険を侵すのも回避しようとするなら、致し方ない方策と言えるだろう。

タクロウさんは雨のそぼ降るガレ場へと足を踏み入れた。

地面の石や岩には、ところどころ〈○〉か〈×〉の記号が白いペンキで描かれている。

先人達が残してくれた、危険察知のためのマークである。

〈○〉だったら「ここは崩れないよ」「足を掛けても大丈夫だよ」。

〈×〉ならば「この岩は崩れるから乗るな」「この先、危ないから進むな」。

それらを参考にして、慎重に歩を進めたタクロウさん。雨にもめげず、何とか無事に山小屋まで辿り着くことができたのだった。

翌朝は、五時半に小屋を出た。

すると一望、世界がうっすら白く覆われてしまっているのに気づいた。

霧だ。雨は降り止んだものの、湿気によって霧が大量発生してしまっている。

……まあ、これくらいならいけるか。

視界十メートルまでは確認できるので、濃霧というほどではない。昨日通ったばかりのルートだし、特に危険だとは判断しなかった。

引き返していくうち、例のガレ場に到達する。

今朝もまた、ずっと他の登山者と出会っていない。

ああ……ここを滑落しても、誰も助けてくれないよなあ……。

中級クラスを自負するタクロウさんだが、霧に包まれたガレ場を眺めるうち、急に恐怖心が頭をもたげてきた。

……俺、こんなところ、ちゃんと降りられるのかな。

そんな迷いが生じた瞬間。

――はははは！

霧の向こうから、談笑しているような男の声が聞こえてきた。

はははは～　………あっははは！

それほど遠くにいるようではないが、声の主の姿は見えない。どうやら霧の中、視認できる範囲のぎりぎり外側にいるようだ。

はは！　ははは！　…………はあっはははっはは！

意味のある言葉は聞こえてこず、ひたすら笑い声が断続的に、少しずつの間を置いて響いてくるのみ。

やけに盛り上がってるけど、その場で立ち止まって会話してるのかな……。

霧のために進もうか引き返そうか迷っているのだろうか。とはいえ、この場をさっさと立ち去ろうとしている雰囲気ではない。

タクロウさんは意を決して、前へと進んでいった。

他に誰かいるうちなら、自分が足を踏み外しても「助けてくれ！」と声を掛ければいい。あちらの声が聞こえるということは、こっちの声も聞こえるはずだから救助してもらえる。

そしてまた、声のするほうに進めば、つまり人がいるということだから安全なルートを判断できる。

正体不明の笑い声に、タクロウさんはむしろ安心感を得たのである。

足元では○印の岩を確認しつつ、声のするほうを目指した。

――ははっははは！

笑い声以外は全くの静寂である。ガラリ、ガラリ、と岩を踏みしだく自分の足音のみが聞こえる。

――はっはっはっははあ！

よし、まだいる。このまま、このまま、笑い声のほうへついていけば……。

……ん？

そこで不意に、幾つかの疑問が湧いてきた。

俺、今、「ついていってる」って思ったよな？

そう、自分が進んでいるにも拘らず、声は先ほどからずっと一定の距離で聞こえてくる。遠ざかりもせず、霧の向こうの姿も相変わらず見えないので近づいてもいない。

つまり相手は自分と同じスピードで、麓のほうへと後退しているということになる。

そこまでなら、奇妙だけれどあり得る事態だろう。しかし。

周りに音はない。自分の足音はしっかり響いている。相変わらず笑い声もよく聞こえる。

でも、霧の向こうの奴らの足音が聞こえない。

足音も立てず移動するなんて、不可能だろう。

そして、この笑いは、いつも同じ声だ。

談笑しているはずなのに、一人の声しか聞こえない。もう十分以上経ってるのに、流石に一人しか口を開かないのはおかしい。

——はあっはっはっはっはっはあ！

こいつは、一体、何に笑ってるんだ？

そう思った瞬間。

ぴたり、と笑い声が止んだ。

と同時に、霧が尾根から二つに分かれるように、さあっと引いていった。

晴れ晴れとした斜面には、誰の姿もない。

自分が立っているのは、ちょうどガレ場が終わった地点だった。

花子さんのいる学校

一

学校の校門を抜ける。

教室に入る。

「おはよう」

「おはよう、和恵さん」

クラスメイト達が群がった机の上には、五十音が書かれた紙と五円玉が一枚。

紙の上部には簡易的に書かれた鳥居の絵と、それを挟むように「はい」「いいえ」が書き添えられている。

数人の女子が銘々五円玉に人差し指を添えると、それは始まった。

「こっくりさん、こっくりさん。来てください、来てください」

村本和恵はその行いを一度だけ見遣ってから自分の席に着いた。

世間で占いブームが起きているのは間違いない。

まだ小学生とはいえ、五年ともなると流行への目配せにも敏感だ。

しかし、こっくりさんは占いと呼べるだろうか。

きっかけはクラスで起きた「昨日の前世占いの番組観た?」とか、「ねえねえ、あたしの生年月日、今年の運勢は最高だって雑誌に書いてたよ」といった、他愛のない会話だったようにも思えるが、正直和恵にもはっきりとは分からない。

いずれにせよ、いつしか急激にエスカレートしたのだ。

クラス全体が占いの域を超えたものに興味を示し出したのである。


オカルト。


この状況に対して和恵の語彙から出てきたのはそれだった。

クラスにオカルトが蔓延している。

グループに分かれてこっくりさん、キューピッド様などの交霊術を連日行い、挙げ句は「海外版こっくりさん」に用いるという「ウィジャボード」なる物まで持ち込む者もいた。

あちらこちらの机でそんなことが行われる休み時間と放課後は、すっかり異様なものになっていた。

皆が人ではないものと対話をしようとしていた。

そうやって自分の行動の指針や未来の予知情報を手に入れようとしていた。

「ねえ和恵、知ってる？　この階のトイレに花子さんが出るようになったらしいわよ」

「ええ。花子さんってあの学校の七不思議の？」

「この教室の一番近くのトイレに出るんだって」

詳しく聞くと、これもまた誰が言い出したのかも分からない「教室の近くのトイレで花子さんを見た」という至極曖昧な話だった。

かねて旧校舎のトイレにそういった類のものが出るとは学年から学年へ口伝えされていたものだが、何故このオカルトブームの最中に、よりによってこの教室の近くに来るのだろう。

大体ここは新校舎じゃないか。

都合が良い話だ。

しかし、クラスメイト達はこの都合の良い噂に、まんまと色めきたった。

旧校舎の花子さんが、うちの教室の近くまで来てくれた。

まるで神との邂逅《かいこう》が秒読みとなったかのような静かな興奮が教室に渦巻いた。

そして、ある放課後。

「ねえねえ！　和恵！　今からみんなで花子さんが本当にいるか確認するから、トイレに行こうよ！」

「何の話？　あたしはいいわよお」

「でも、あたし怖いから！　付き合ってよ！」

和恵に友人の誘いを受ける理由はなかったが、かといって頑なに断る理由もない。

結局は連れ添われて教室を出て、ほんの数十歩ほどにある女子トイレに入室した。

個室が四つあるトイレの中には、既に七、八人のクラスメイトが立って、きゃあきゃあと喚いていた。

「この個室でいいのかな！」

「ダメなら全部の個室で試してみようよ！」

「花子さんいるかな〜」

話を聞くとどうやらこれから花子さんを呼び出すのだそうだ。

和恵はこれから流れる無為な時間を想像し、トイレに来たことを後悔した。

「それじゃあ、行くわよ！」

クラスで一番の目立ちたがり屋で知られる森内聡子がそう言うと、場の高揚が一際強く感じられた。

彼女は入り口から三番目の個室のドアを、こんこん、とノックした。

「はーなこさん、あっそびましょ……」

その声は声量こそあれ、少しだけ震えているようだった。

「あれ……出ないな」

言いながら首を傾げて、もう一度ノックする。

「ぎゃあああああ！」

そして、森内聡子は絶叫した。

二

トイレにいた誰もが叫び声を上げて廊下に飛び出した。

そのまま教室に駆け込むと、その様子を見たクラスメイト達はすぐさまどよめき、口々に何かを言い合う彼らの声で教室は騒然となった。

何かが起きた。

ついに何かが起きた。

顔を歪めつつもいかにも興味津々といった足取りで皆が近寄り、森内聡子を中心とした人だかりができる。

「こわい……こわい……」

森内聡子はただそれだけを繰り返し、ガタガタと震えていた。

「どうしたの？　何か見たの？」

「花子さん？　花子さんを見たの？」

見るからにパニック状態となっている彼女を案じる訳でもなく、クラスメイト達は質問攻めを始めていた。

はあはあと浅い呼吸をする森内聡子は、彼らの問い掛けに何か答えようとするが、言葉が出ないまま口をぱくぱくさせては顔を歪ませている。

「声が聞こえたとか？」

誰かがそう言うと、森内聡子はびくりとして顔を上げ、観念したように言った。

「『はあい』……って声が聞こえたの……あたしが二回目にノックをしたとき……」

和恵は、この友人は何を言ってるのだろうかと訝しんだ。

そんな声は聞こえなかった。

彼女にだけ聞こえただなんて、言ったもの勝ちじゃないか。

「あたしも……それ聞いた……」

一緒にトイレにいた森内聡子の取り巻きがそう言った。

「あたしも聞いた！」

「あたしも！」

すると、トイレにいた女子達が堰を切ったように次々と同調し始めた。

そんな訳がない。

彼女達は森内聡子の叫び声を聞いてから騒ぎ出したのだ。

あのとき、誰もが目配せをして何も起こっていないことを確認し合っていた。

それを何故この段階になって嘘を吐くのか。

そうまでして、花子さんの存在を人々に知らしめたいのか。

和恵は流石に気分が悪くなり、どうにかしてこの場を離れる方法を考えた。

「あなたも聞いたでしょ？」

一瞬、その言葉が自分に向けられたものだとは分からなかった。

「そうよ。和恵もあの場にいたんだもん。ねえ、聞いたわよね」

「和恵、どんな声だったの？」

「いいなあ、和恵も聞いたの？　あたしもトイレに行けばよかった」

この同調圧力は幼い和恵には堪え難いものだった。

聞いてない、と真実を提示してしまったあと、場の雰囲気がどうなってしまうのかは想像が付く。

小学校では度々こういう局面があるのだ。

「……うん」

「やっぱり！」

まだ嗚咽を漏らす森内聡子の存在を無視するかのように、和恵の同調でパッと教室が華やぐ。

「いるんだ！」

「花子さん、怖い！」

「あのトイレ、もう一人じゃ使えないよー！」

三

花子さんなんて、いる訳ないのに。

結局、クラスの誰もが花子さんの存在を認めてしまった。

クラスメイト達はのちに、件の最寄りトイレに「闇子さん」なる花子さんの亜流が出ると騒ぎ、更には男子トイレに「太郎さん」が出るとまで言い出した。

ジョークならば職員室でも大した話題にならなかっただろう。

しかし、クラスメイト達がトイレへ向ける眼差しは真剣だった。

学校側もこの騒ぎには手を打つべきと判断したようで、一時、件のトイレには使用禁止のお知らせが貼られた。

結局、和恵はクラスメイト達に恐怖を感じていた。

何故彼らは一様にあり得ないものを信じるのだ。

自分には到底信じられないことを、何故いとも簡単に信じることができるのだ。

目にも見えない声も聞こえない、そんな存在を信じられる根拠は何なのだ。

脳に異常があるとしか思えない。

あるいは馬鹿なのか。

間違いを正しいと思い込むなんて、馬鹿のすることだ。

信じたいことだけを信じるなんて、馬鹿のすることだ。

信じたくないことも信じなければならないし、信じたくても信じるに足りないことだってあるのに。

この狂乱がいつまで続くのかと和恵は懸念したが、どういう訳か気が付くと誰一人オカルト染みた話題をしないようになっていた。

噂のピークは「学校中のトイレに何かしら出る」。

残った噂は「新校舎の最も綺麗なトイレに出る」。

オカルト騒動が終わってまもなく、彼らは六年生に進級した。

四

窓側に座る者が教室のカーテンを閉めた。

東堂先生が電気を消すと、教室は暗すぎない程度の暗さができた。

「……それで、その女の子は井戸水に映った老婆に向かって、こう訊ねたんだよ」

東堂先生の怪談話は必ず何処かで大声を出す部分がある。

しかしそんなお約束を忘れるほど語りに引き込まれた生徒達は、じっと東堂先生を見つめ、静かに耳を傾けていた。

「……すると、老婆を指を差して」

六年生の総合学習の時間は東堂先生の独壇場だった。

和恵も東堂先生の怪談には興味深々で、いつも楽しみにしていた。

「お前だ！　と言ったそうです」

東堂先生が大声を出すと、教室には一瞬の驚きが訪れた。

そうと分かっていても、必ず驚いてしまう。

そして、目を見開いた後には、こんな子供騙しに何度も驚かされる自分に笑ってしまうのだ。

「おお。みんな相変わらず反応がいいなあ」

和恵もまた、必要以上に両腕を奮いあげて驚いた自分に気が付き、皆と同じように笑った。

「はい。カーテン開けて。どうだった？　今日の怪談は怖かったかな？」

「せんせーい！」

男子の一人が急に手を挙げる。

「何だ？」

「先生はお化けが見えますかー？」

妙に間伸びした口調で投げかけられたその質問に、教室はどっと沸いた。

もし五年生のあの時期のみんななら、これで笑うことはなかっただろう。
今ではこの質問がいかに馬鹿馬鹿しいものかを、誰もが理解している。
皆と一緒に笑う和恵はふと幸せを感じ、クラスメイト達の顔を見回した。
「まあね……」
そう言う東堂先生も笑顔だった。
曖昧な回答もまたユーモラスに聞こえる。
東堂先生を嫌いな生徒は誰一人いないのではないかと、和恵は思う。

五

その日、僕は遅くまで職員室で仕事をしていたんだ。
何だったかなあ。
テストの丸つけをしていたか、それとも問題を作っていたかなあ。
とにかく、他の先生はみんな帰っちゃってたんだ。
気が付いたら時間も遅くて、すっかり外は真っ暗。
ああ、僕も帰ろう。

忘れ物はないかなって、ちゃんと確認して。

机の上も片付けて。

電気もしっかり消して。

それから学校を出たんだ。

でね。

外で。

ふと、顔を上げたんだよ。

そしたら、旧校舎がちょうど斜め向かいにあって、屋上からくろーい人影が飛び降りたんだ。

もちろん、僕はびっくりしたよ。

誰が飛び降りたんだ。

学校の生徒だったらどうしよう。

そう思ったんだ。
でも、すぐそんなはずはないって分かった。
だって、落ちた音もしないし、屋上にはちゃんと鍵が掛かっているからね。
それに僕は……。
違うって分かるからね。
人か、人じゃないかくらいは分かるから。

だから僕は正門を出て、右に折れた。
みんなも右に行くとカーブミラーがあるの知ってるよね？
あのカーブミラーに血まみれの女が映ることは知ってる？
映るんだよ。
先生は見たんだよ。

はい、今日の話はこれでお終い。

六

「今日の先生の怪談話、何か変じゃない？」

「うん、だってお得意の大声もないし、あのオチも意味分かんないよ」

「オチになってないよね。見ただけじゃん。大体、夜に屋上から誰か飛び降りるのを見たなら、ちゃんと確認しにいかないと先生失格じゃん」

「人かどうか分かる、って言ってたよね」

「あたし、怖い……カーブミラーの所、帰り道なんだから……」

「あたしもよ……何だかあの話、今までで一番怖いかも」

「ね。作り物っぽくないような……和恵はどう思う？」

「あたしもそう思う……」


あたしもそう思う。

あたしもそう思う。

あたしもそう思う。

和恵が昼寝から目覚めるとちょうど夕飯時だった。

小学校時代の夢を見た気がするが、余り良い夢ではなかったらしく、和恵は気だるい身体を伸ばしてからベッドを降りた。

一階のダイニングテーブルには既に様々なおかずが並んでいて、母は「御飯と味噌汁は自分でよそいでね」と言いながら、更なるおかずを炒めていた。

「ビール、貰うよ」

「はい。どうぞどうぞ」

和恵は母の返答を待たずに缶ビールを掴み、焼き魚が載った皿の横に置いた。

ビールをちびちびと飲みながら、魚を箸で少しずつほぐし口にしていると、缶の半分が空いた頃にようやく母も食卓に着いた。

「お母さん」

「なあに?」

「さっき、小学校の頃の夢見たんだけどさ」

「うん」

和恵は成人した今となってさえも、あの秋の日に東堂先生が語った怪談を忘れられず、あんな恐ろしい怪談を無闇と他人に話してはいけないとも思っていた。

「小学校六年生のときの担任の東堂先生、覚えてる？」

「ええ。覚えてるわよ。良い先生だったわよね」

あの怪談はある種のトラウマなのかもしれない。

こうやって母に話していてもやはり心が重い。

それに何故自分は今、母にこんな話をしているんだろう。

「……何かね。東堂先生、一回だけ変な怪談話をしたのよ。先生が学校から帰るのが遅くなって、旧校舎から黒い人影が飛び降りて、近くのカーブミラーに血まみれの女の人が映ってたって、ただそれだけの怪談話。びっくりする所がなくて、ただ生々しくて気持ち悪いのよ……」

和恵は何となしに箸で味噌汁をかき混ぜながらそう話した。

そして、なかなか相槌がないことに気が付いて顔をあげると、母はいかにも今の話に嫌悪感を抱いたような眉間の皺を作り、唇を尖らせていた。

「あんたねえ。東堂先生、その怪談話は酷いよ。というか、それ怪談じゃないしね」

「え？　お化けみたいなのが出てる話だよ？　怪談でしょ」

「……まあ、あんたも大人になったからね。教えてあげるよ。これも勉強だね……」

七

あんたが小学生だった頃さ。旧校舎から、学校の近所に住むおばさんが飛び降りてるのよ。でも、そんなの生徒達が知ったら怖がるから、学校とPTAで結託して、うまくあなた達の耳に入らないようにしたのよ。だってねえ、イヤでしょう？　人が飛び降りた学校で勉強するなんて。それなのに、東堂先生ったら、それとなく受け持ちのクラスにそのことを伝えた訳よ。何のつもりかしら。隠し事は良くないという考え方だったのかしらね。だとしても、やり方が不気味よ。怪談話にそんな情報を忍ばせるなんて……。気持ち悪いったらありゃしない。良い人そうに見えたけどねえ……。

八

お母さん。
その……女の人が飛び降りたのってさ。
もしかして、あたしが五年生の頃？

九

和恵。
お母さんはもう……覚えていないわ。

学校とその家

煙鳥君は二〇一九年、彼の配信のリスナーから自作の幽霊画を募り、「もし百本集まったら一人で怪談百物語を実行する」と約束した。

これに応えた視聴者からは様々な幽霊画が寄せられ、無事百本が集まると、彼は同年十月十三日、ライブ配信サービス「ニコニコ生放送」で約束通りに「百話百幅～百物語全部俺2～」を開催した。

集まった幽霊画には作者が空想する〈もののけ〉を描いたものや完全なる冗談画などがあったが、中には作者、作者の知人が体験した怪談に因んだ画もあった。

この話はその中の一枚を広げた上で紹介させていただく。

夜の学校で、寂しそうに佇むセーラー服の女性を描いた幽霊画。

この画には魔と哀しみが潜んでいる。

フジハルさんが高校二年生だった頃の、冬のある日。

美術部に所属していた彼女は展覧会に向けた作品制作をするため、放課後も部員と部室に籠もっていた。

「やばい。間に合うかな……」

「家に持って帰っても、集中できないもん。頑張ってやっちゃおう」

仲間と過ごす辛いような、楽しいような制作の時間を過ごすうち、だんだんと学校が静かになっていく。

運動部員らも帰宅し、窓から外を覗くともう暗い寒空が広がっていた。

「ひゃああ。もう八時前じゃん。ちょっと……フジハル、トイレ行かない？」

「ああ。行く行く」

「あたしも一緒に行く！　ちょうど我慢してたの！」

「良かったあ。ここまで暗いと一人であのトイレまで行くの勇気いるもん。何か出そうで」

高校は県内でも随一の生徒数を誇っていて、四棟の校舎がある。

「三人いるならあっちまで行くの余裕っしょ！」

部室や特別教室がある棟は掃除が雑なのかいつもトイレが汚く、職員室がある棟のトイレは教諭の目が近いからか、いつも清潔に保たれていた。

三人は時々小声で会話を交わしながら棟を跨《また》ぐ渡り廊下を進み、綺麗なトイレに向かった。

職員室の棟に入ると、寒さと暗さが一層際立って感じられた。

校舎には何人かの教諭が残っているはずだが、トイレはこの時間に彼らがいる職員室と離れている。

とはいえ、道中の蛍光灯のスイッチがそれぞれ何処にあるのか分からない。

結局、三人は白い息を吐きながら暗い廊下を歩き、トイレに到着した。

早々に用を済ませたフジハルさんは手を洗ったあと、トイレを出たり入ったりして、

「みんな、まだ？　置いていっちゃうよ」

「わっ！　なんちゃって！」

とまだ個室にいる二人に声を掛けていた。

トイレからは「うるさーい」「一人で帰れるもんなら帰ってみろ」などと返事がある。

そして、その戯れを数回繰り返したとき。

二人がトイレから勢いよく廊下に飛び出し、

「部室に戻ろう！」

と、フジハルさんの手を引いて廊下を駆けだした。

「え？　なになに？　どうしたの？」

二人の怯えた様子はいかにも〈何かを見た〉といった感じだった。

事実、部室に戻ると彼女達は「いた」「いたよね」と言い合っている。

「ちょっと。何がいたのよ？」

「真っ黒い何かよ！」

「長い黒髪のセーラー服姿の女の子！　綺麗な顔してた！」

詳細な描写をする友人はかねて「視える」と自称している。しかし、表現の仕方こそ違うものの、双方が「黒」という点で一致していることにフジハルさんは驚きを隠せず、その怯える様子から強い信憑性を感じた。

「掃除用具が入ったロッカーの前にいたのよ」

「そうそう！　ロッカーの前！　セーラー服を着た女の子！」

フジハルさんは二人が見たものを概ね想像できたが、「セーラー服」という言葉に違和感があった。

「うちの学校、ブレザーじゃん。何でセーラー服が出てくるの？」

「え……でも、見たし……」

「でも、昔はセーラー服だったって先生が言ってなかった？」

六十年以上の伝統がある高校だとは知っていたが、いつまで制服がセーラー服だったかは分からない。

結局、その日は「見た見た」と話しつつ作品制作を進めたのち、解散となった。

「ただいまぁ」

「フジハル、遅かったじゃない」

帰宅すると、母がまるで娘を待ちかねてでもいたかのようにリビングに入ってきた。

「あなた、覚えてる？　あの隣町の殺人事件」

「……うん。覚えてる。って言っても、知ってるってだけだよ。だって、あれいつの話？　あたしが生まれるずっと前の事件でしょ。何？　急に」

「あの人が、戻ってきたらしいよ」

あの人。

それは隣の町のある一軒家にかつて住んでいた一家の父親を指していた。

「……そんなこと、ある？」

それは今でも町の語り草となっている殺人事件だった。

件の父が我が子も含めた家族を皆殺しにしたのだ。

一家心中のつもりだったのかもしれないと言われていたが、だとしたら父だけが自らの命を惜しんだことになる、余りにも醜い事件だ。

無事に心中が全うされたとて、美しい訳もないのだが。

いずれにせよ、父は後に刑務所に入った。

フジハルさんは小さな頃に事件のあらましを聞いて、その父とやらはきっと、ずっと刑務所に入ったままなのだろうと思っていた。

だが、母は「戻ってきた」と言うのだ。

「あの家のお向かいさんがね、見たっていうのよ」

「何処で？　何？　近所を歩いているとこでも見たの？」

小さな頃から、その家に近づくことを親から禁じられていた。

小学生の頃、凄惨な殺人現場となったその家の前にある側溝で、老婆の死体が発見されたことがあり、「人死にがあった場所は、死を寄せ付ける」と皆が恐れたのだ。

老婆は認知症を患っていたというから事故自体に不思議はないが、躓《つまず》いて落ちた場所が悪かったということだろう。側溝が至って浅いものだったので、人々は余計に家の禍々しさと結びつけたのだ。

「あの家、すりガラスになってるの知っている？　お向かいさんが庭の手入れしているときに、あそこのお父さんが窓の向こうに立っていたんだって」

「何それ？　すりガラスじゃ分からないじゃないの」

「でもお向かいさん、昔からあそこに住んでるから、お父さんの顔とかよく知ってるのよ……だから見間違えじゃないっていうの」

殺人事件はフジハルさんが産まれる前のことだと聞いていた。

ならば、仮に刑期を終えた父が戻ってきたとしても風貌に大きな変化があるはずだ。

どうせ空き家に不法侵入したホームレスを見て、勘違いをしたのだろう。

誰もがあの家を怯え過ぎなのだ。

以前高校の同級生男子があの家に忍び込もうとしたときも、結局は一人がパニックに陥り、断念したという。

当時、家のささやかな門扉には、二本の洗濯竿をバツの形で置いただけのお粗末なバリケードがあった。彼らがそのバリケードを越えると、玄関先には好き放題に生えた雑草が茂っていたそうだ。その土地の過去も相まって、確かにいかにも何か起こりそうな雰囲気だったことは想像に難くない。

それにしても、だ。

「お母さん。あたし、その事件のこと何となくしか知らないのよ。殺された家族のことも、そのお父さんのことも。だから、『戻ってきた』なんて言われても、だから何だっていうのか……」

「あなたくらいの女の子よ」

「え？」

「高校生の娘、それと自衛官だった息子、奥さん」

母が殺された家族のことを説明していることに気が付くまで、数秒を要した。

そしてその数秒のちには、フジハルさんはふと鼻先に血の匂いを突きつけられたような心のざわめきを感じることとなった。

「だから、あの家に近づいてほしくないのよ……変な話なのかもしれないけど」

母が掛ける心配の言葉は耳に届かなかった。

殺された高校生の娘。

つい先ほど学校であった、放課後の騒ぎ。

一時代前に利用されていたと思わしきセーラー服を着た少女を、彼女達は見たと言っていた。

——戻ってきたらしいよ。

そんな訳がない。

あの家と学校から生じた二つの目撃譚に関係がある訳がない。

でも、自分には見えていなかった少女の姿がどうしてもぼんやりと頭の中で像を結んでしまい、まるで何かを訴えるようにこちらを見つめている。

「お母さん、その話はもうやめよう」

フジハルさんはそう言って、逃げるように自室へ向かった。

生きているとも死んでいるとも分からない父親と、多感な年頃の友人が見たと騒ぐ、いないはずの少女。

やっぱり、こじつけだ。

きっと自分と同じ年頃で殺された少女に思いを馳《は》せ、気持ちを持っていかれているだけなんだ。

卒業できなかった。

努力して幸せになるはずだった。

まだ見ぬ明るい未来を想像していた。

こんな形で死ぬと思っていなかった。

私は殺された。

私は父に殺された。

聞いてください。

私は父に殺されました。

その後、その家に誰かが引っ越してきているという情報は、フジハルさんの元へ入ってこなかった。

放課後の目撃騒動から数年が経った頃、弟が未だ空き家となっていたその家の庭に佇む男の姿を見た。

そこに男がまだいるのなら。

学校にもまだ少女はいるのだろうか。

フジハルさんはそう思いながら、イラストを描いた。

彼女にはそうすることしかできないのだ。

イラスト：フジハル

土地遣い

十一　香峰神社

旧彫山家の位牌が放置されているという神社は、その名を香峰神社という。香峰神社は集落の北東方に位置し、集落の中心を南北に走る道路からわき道を抜け、五十メートルほど杉林を進んだ中にある。

この神社は神主が常駐している訳ではないとても小さな神社で、大晦日の深夜に集落の人が数名集まり、この神社で年を越して二年参りをするときに使う程度である。

つまり、一年の内たった一時間程度しか人が来ない神社である。

僕が香峰神社を訪れたときは、数日前から大粒の雪が降っていた。

今年は暖冬だ、とはいうもののやはり会津の冬は寒い。露出した手のひらを刺すような冷気が襲い掛かる。手袋をしてくればよかったな、と思いつつ、集落の中心を走る道からわき道へと足を進めた。

この道は神社にしか続いていない。そのため、道には雪が積もっており、周りが高い杉林となっているため薄暗い道の中、雪を踏み鳴らしながら歩いていた。

雪道には誰の足跡も残っておらず、やはり集落の人が普段立ち寄るような場所ではないのだなと思った。雪道を抜けると鳥居が視界に入ってくる。その両脇に居並ぶ石灯籠、そして参道の奥に香峰神社が見えた。

石灯籠と神社の屋根には雪が積もっており、ここだけ見れば例年の冬景色と変わらない光景だ。

参道を歩き、杉林を抜けた先の開けた空間に坐す神社に着く。

注連縄《しめなわ》は古く、ところどころ毛羽立っており、余り手入れされていない様子が見て取れる。賽銭箱も設置されてはいるが、木肌はひび割れていた。

靴を脱いで入り口に足を踏み入れたところ、足裏にじゃりっと砂と埃の感覚があった。

引き戸を開けるとそこは八畳ほどの畳敷きになっており、内部にも埃が溜まっていた。

壁沿いに千羽鶴が幾つか掛けられているが、折り紙の色は既に煤けていた。

最も新しく見えた千羽鶴の一つを手に取ってみたところ、「昭和六十二年一月一日　○高校合格祈願」の文字と名前が読み取れた。

中には古びた太鼓が置いてあったが、革は茶色く変色してひび割れており、歳月を感じさせた。

その奥に、蝋燭立てのある祭壇と、御神体と思われる金色の鏡が安置してあった。

蝋燭立てに刺さった蝋燭は、融けたまま放置されていた。また、鏡は煤けてはいたが、まだ輝きは失われておらず、内部に差し込んでくる光を反射するように光っていた。

ここから見える限りは位牌は見つからない。

何処にあるんだろう。

そう思って祭壇のほうへ進んだところ、見つけた。

御神体である鏡の裏、その僅かなスペースに「彫山家先祖代々之霊位」と書かれた位牌と「○○院○○大姉位」と書かれた位牌の二つがあった。

二つの位牌は、壁と祭壇の裏にある僅かな隙間のような場所に、埃まみれになったまま乱雑に積み重なるようにして横倒しになっていた。

これが間違いなく旧彫山家先祖代々の位牌と、旧彫山家最後の一人として生き残った、小さな青いトタン屋根の家に住んでいたという老婆の位牌だろう。

僕はこの有様に強い戸惑いを覚えた。

トウコさんの言うことは本当だったが、まさか、こんな状態で放置されていたとは。

間違いなく、ここは誰も手入れをしていない。老婆が住んでいた家を解体するまで、この二つの位牌は廃屋の中で長年置き忘れられ、更に神主のいない神社へ移され、埃にまみれたまま横倒しにされていたのだ。

まるで人目から隠すように、遠ざけるように。

誰一人として手を合わせることなく、数十年以上、ずっと。

旧彫山家は古くからこの集落にある家である。

ということは今、目の前にあるこの先祖代々の位牌には、凄まじい数の旧彫山家の人々の魂が宿っていることになる。

老婆の位牌は、通常であればとっくに先祖代々の位牌に魂を移されるはずの年月を過ぎているが、一族の中でたった一人だけ魂を位牌に入れてもらえず、ここにずっと打ち捨てられてきた。

今も、現在を以て。

静かな、音一つしない雪と杉林に包まれたこの薄暗い神社の中で、刺すような寒さの中、僕は埃にまみれた旧彫山家の二つの位牌と、その事実を前に身震いしていた。

恐らく、シェパードと車庫がある土地に起こり続ける凶事は、旧彫山家の邸宅があった土地を無断で乗っ取った上、二つの位牌についてこのような扱いをしたことが原因なのではないか。

旧彫山家と現彫山家に纏わる、いわゆる忌み地、土地の祟りであるのではないか。
このときまでの僕はそう考えていた。
しかし。
事態は僕が予想もしない方向へと動き出していった。
まだ、ここは闇の途中に過ぎなかった。

土地遣い

十二　一致、行き詰まり

実際の現場であるシェパードと車庫がある土地と香峰神社を訪れたこと、そして関係者や周辺の住民から話を聞き取ってきたことで、一連の輪郭がだんだん見えてきていた。

トウコさんから聞いた「土地の乗っ取り」に関する疑惑、そして香峰神社に放置された旧彫山家の二つの位牌を目にして、この土地に関する放火、窃盗、転倒事故死、交通事故等。これらの原因と思われるものは、恐らく現彫山家——というよりも主にセイジさんが、この土地や旧彫山家に対して行った悪行のせいであると思われた。それが祟り、呪いのようにしてあの土地へ凶事として降りかかっている。そういうことではないか。

土地を乗っ取る、そして旧彫山家の魂が宿った位牌を粗末に扱う。

これらの行為が、現彫山家に起こった凶事の原因として疑われた。それが、実際の現場や周辺の人への聞き取りによって明らかになってきていた。


この頃、別の集落の住民達から、「工事の後、井戸がなくなっていた」「ゴウさんがここ二、三年くらい前から余り家に帰ってきていない」という現彫山家に関して二つの話を聞いていた。

かつて旧彫山家には二つの井戸が敷地内にあり、その位置は大体南東側に一つ、庭の中央部に一つあったという。

シェパードがある敷地内は現在、全てコンクリートが敷かれている。僕が訪れたときも何処にも井戸はなかった。

先に挙げた現在のシェパード見取り図メモ（本書九頁）の画像を、改めて参照してほしい。現在のシェパード等がある位置と重ねて見ると、かつて井戸があった場所はシェパードの裏手と車庫の南側付近に当たる。

この位置は、消防団であるタイチから聞いた二度に亘る放火事件の出火元と一致する。

これはただの偶然だろうか。

井戸は恐らく、現在はあのコンクリートの下に埋まっている。

長年僕が御懇意にさせていただいている作家、ライターであり、煙鳥怪奇録にも作家として参加しているとうもろこしの会会長、吉田悠軌氏からかつて、「宗教的儀式を正しく行わず、井戸を埋めて酷い目にあった、という怪談は多いが何故かそこから起こる不幸な出来事、凶事には一定の法則がある」という話を聞いたことがあった。

それらのパターンについて実話怪談を収集する中で気づいたという。

会長から聞いていた展開の類例は幾つかあるが、その中で、
・その家の父が浮気をして家に帰らなくなる
・火災や放火等、火が原因の事故、事件
この二つについて思い当たることがあった。

「ゴウさんが余り家に帰ってきていないらしい」というのは、実は住民達に詳しく訊くと正に浮気相手がいるためであるらしく、そのために現在離婚寸前の状態であるということだった。

ゴウさんが知らない若い女と二人で車に乗っているところを何度も見た、という話も聞くことができた。

そして二件の火災が起きた事そのもの、そして出火元の位置と井戸のあった位置が同じであること。

僕は吉田悠軌氏から聞いた話と、件の土地で起こった凶事との符合にぞっとしていた。

やはり、二つの井戸は何の手も打たずにコンクリートの下に埋めたのではないか——という思いを強くしていた。

井戸を潰したことによる火災。

セイジさんは自ら井戸という水源を潰した。しかし、そのことによって、火災の前に打つ手を失い、為す術なく立ち尽くすしかなくなった。しかも、二度に亘って、だ。それは、偶然の産物などではない。火災を前にしたセイジさんに自らの愚行を二度も後悔するように仕向けた何者かが、その絶望を嘲笑っているかのように感じていた。

「ゴウさんが浮気をして家に余り帰ってこなくなった」という話と「井戸がない」の話を聞き、実際に井戸を封じるときに立ち会った人がいないか聞いてみた。しかし、それに立ち会った人をなかなか見つけられず、本当に井戸を正しい宗教的儀式を行わずに埋めたかどうか、未だ確認することはできないでいた。

それについて聞き歩いていた頃、他にもう一つ新たな情報を得た。

「シェパードと車庫の工事の際、地鎮祭がおかしかったらしい」

どうおかしかったのか、と聞いても「いや、よぐわがんねげんじょも、あったの見だごどねぇつうもんだったらしいど」と井戸と同じく、自分は見てはいないが噂として聞いている、という状態のようだ。

地鎮祭がおかしかった、という話は複数人から聞いていたが詳細については誰も知らないようだった。

しかしその中の何人かの住民達の反応を見ると、僕が聞いた中に立ち会った者や、詳細を知っていた人もいたのだろうが、明言することを避けているようにも感じていた。

地鎮祭は、恐らく何かとても直接的な、そのときの状態を語ってしまえば相手に何かを確信せざるを得ないような、はっきりと明言することを憚られるようなそういった出来事だったのだろうと考えていた。

井戸を封じるときに正しく儀式を行ったのか、また地鎮祭がおかしかった、ということについて誰も詳細を語らず、聞き取りに行き詰まりを感じていたときだ。

井戸の件や地鎮祭がおかしかった、という話は父も知っているようだった。ただ、「俺も何だが聞いたごどあんなぁ、よくわがんねぇげんじょも」といった程度で、やはり実際にそれらの出来事に立ち会ったことはなく、詳細についても知らなかった。

行き詰まりだ。

気になるなぁ、と呟くと父がこう言った。

「おめぇよ、そんなん気になんなら聞いてみればいいべした、この辺でやんのは井戸埋めも地鎮祭もタリサマ《神主》しかねぇんだがら」

どういうこと、と聞き返すと父は半ば呆れたような顔で言った。

「おめぇ、あそごのタリサマの息子と友達でねぇのか」

そうだ。

カンちゃん。

カンちゃんは地元の友人で、彼の実家は父の言う「タリサマ」で、苗字が神田ということから、僕ら友人からカンちゃんと呼ばれている。

以前、僕はカンちゃんから作ってもらった魔除けの果物ナイフに纏わる体験がある。

このときすっかり、彼のことは頭から抜け落ちていた。

「今よ、息子は親父と一緒にやってんだぞ、そんときも一緒に来てっぺがら」

きっと、彼は目の前で事象を見ている。

突破口だ。

僕は興奮しながらスマートフォンを手に取った。

土地遣い

十三　地鎮祭、井戸

電話に出たカンちゃんは驚いていた。

「いきなり、どうした、宗教勧誘じゃねぇべな」

タリサマとなったカンちゃんは笑いながらそう言っていた。

返しが相変わらず上手だなと、と何だか嬉しかった。

「香山のシェパードと車庫建てるときの地鎮祭な、俺も行ってたよ」

やはりカンちゃんは目撃していた。

以前のお守りナイフの件といい、今回もこの男は僕を助けてくれた。

興奮を抑えながら、状況を聞くことにした。

「あれ、変だったぞ」

　ある日、カンちゃんの父親に、セイジさんから地鎮祭の依頼があった。日程を調整して現場へ行くと、その場には既に工事のための業者が待機していた。

「その時点でおかしくね、ってちょっと思ったのよ。何で業者いるの、てよ」

地鎮祭の方法は全国多様である。この辺りの地鎮祭での手順はまず、土地の上物をさらい、土地自体に手を付ける前に地鎮祭を行う。そして数日空けてから工事に着手、土地に手を付けるという流れである。

この辺りでの地鎮祭の位置づけは「土地の神様に対して『この土地を私のために手を付けてもよろしいですか』というお伺い」といった形だ。そして数日空ける期間というのは「土地の神からの承認、返答を得る」期間と考えられており、この数日間の間に凶事や不幸があれば土地の神が土地に手を付けることを許していない、ということだ。

その後、何も異常がなければそのまま着工するという流れになっている。

カンちゃんと父親が現場に行ったときにおかしいと思ったというのもそのはずである。通常の着工は数日後であるため、その場に業者がいること自体おかしいのである。

「親父と、え？　って顔見合わせたんだけどセイジさんが、『コンジ《これで》いいんだ、コンジいいんだ』って何も言ってねぇのに繰り返すしよ、何も言えねえから、親父が『井戸も二つ、やるんだべ？』って聞いたらよ」

井戸。

カンちゃんがあの土地に地鎮祭を行った時点で、井戸は二つ、確かにあったのだ。カンちゃんの話と調べた場所は、やはり一致していた。井戸があった場所はシェパードの裏手と車庫の南側付近であり、この位置は二度の放火の出火元と一致する。

井戸は現在、コンクリートの下に埋まっている。

「そしたらセイジさんなんかおかしくてよ、『ああ、まず地鎮祭やっちまうべ』って」

カンちゃんには、何故かセイジさんがとても焦っているように見えた。

一体何を焦っているのか。

セイジさんに急かされるまま、二人は地鎮祭を行った。

地鎮祭自体は何の異常もなく執り行われた。

「終わってから親父が『井戸やんべか』と言ったっけ、セイジさん『いい、いい、今度でいい』つうのよ、あ、日にち空けっからそのときにやんだべな、と思ったのよ」

その会話の直後である。

業者が突然工事に着手した。

「びっくりしたよ、だって待ってた業者、まさかマジでやると思わねえべ。そんなのアリかって親父とドン引きしたんだ」

通常は空けるべき日にちを空けず、そのまま工事へとなだれ込んだ。

土地の神から返答を待つことなく、土地に手を付けたことになる。この辺りでは絶対にやらない手順である。

都市部でたくさんの人の出入りがある土地ならばまだしも、会津の山村集落のような環境で、過去から連綿と続いていた宗教的儀式を突然違うやり方でやるということは、基本的にあり得ない。更に、セイジさんは退職するまで建設業を営んでいた。このような土地に関する手順は百も承知のはずである。

地鎮祭の際に工事業者を待機させておいて、間髪入れずに着工するなど僕も聞いたことがない。

付近の住民から聞いた「シェパードと車庫の工事の際、地鎮祭がおかしかったらしい」

「いや、よぐわがんねげんじょも、あったの見だごどねぇつうもんだったらしいど」

これらは、このときのことを指していたのだ。

「何でってびっくりしたけどよ、セイジさんが『コンジ、いいんだ』つうし、そのときは帰ったのよ。あんなの見たことねえ。近所の人も何人か来てたけど『いいんだべか、いいんだべか』ってひそひそ喋ってたぞ」

井戸はその後どうしたの、と聞いたところ、多分、親父が後でやったんじゃね、と言うがカンちゃん自身は見ていないし分からないという。親父さんに聞いてくれよ、と言ったところ、電話を持ったまま聞きに行ってくれた。

「親父、香山のシェパードあんべ、地鎮祭のとき、後で井戸やっぺって言わっちゃげんども、あの井戸、結局やったの」

電話の向こうでカンちゃんが聞いている。

「いんや、やってねえよ。次通ったときいきなりコンクリで埋めらっちだぞ」

やはり、井戸は宗教的儀式を行わないまま二つともコンクリートで塞がれていた。しかも、セイジさんの反応を見ると何故かわざと行わなかったのではないか、とすら思える。別に地鎮祭と井戸封じに関しては日にちを空ける必要は全くなく、その場で行ってしまえばよかったのだ。現にカンちゃん達親子がそれを申し向けても何故か断っている。

今度でいい、と言いながらその〝今度〟がないまま井戸は埋められてしまった。更に、僕は他の住民から「井戸埋めやっとぎよ、セイジさんがそこら辺の工事のゴミだの、家のゴミだの井戸ん中さブン投《す》げ《て》たんだぞ、見だっつう人もいんだ」という話も聞けていた。

カンちゃんが言う。

「親父がよ、でも言うんだよな。『セイジさんは大したもんなんだぞ、工事はめちゃくちゃだったけんども、エリちゃんのためにシェパードと車庫建てたんだがらよ』って言ってたぞ」

僕は他の集落の住民からも、

「エリちゃんとセイジさんは仲が悪くてよくセイジさんがガナルのを聞いてたげんじょも、エリちゃんのためにシェパードと車庫建ててからはセイジさん大人しくなったんだ。大したもんだ。ガナッテてもやっぱり嫁は嫁だ。メゲエ《可愛い》んだべ」

そんな話も聞いていた。

土地の神の返答を待たずして、着工した土地。
ゴミを投げ入れ、宗教的儀式を行わないままコンクリートで蓋をした井戸。
シェパードを実際に訪れたときにふと気が付いたこと、残した記録。
丸梅商店での老人達との会話で感じた微かな違和感。
香峰神社に放置された旧彫山家二つの位牌。
何故、こんなことを。

この辺りまで考えて、僕の頭に、ある一つの仮説が浮かんでしまった。
しかし、こんなことがあるのか。
僕はこの話を調べようと思ったときに、こんな方向へ進んでいくことになるとは思いつきさえもしなかった。

住民達からの話を思い出すと、彼らはきっとこのことに気づいている。香山の人々の間では共通認識としてあるのだろう。そう思って考えると、全ての会話や違和感、行動の辻褄が合う。

僕は全身の皮膚が粟立つのを感じながら、再び丸梅商店に行こうと決めた。

闇が、口を開けていた。

目撃画

私・吉田のパソコンモニターには、二枚の画像が映し出されている。

ボールペンで走り書きしたものと、恐らくフリーのペイントソフトで短時間に描かれたと思えるもの。どちらも、お世辞にも上手とは褒められないような、全く素朴な絵だ。

しかもそれが一体何を描いたものなのか、説明されなければ誰も皆目見当が付かないだろう。

それらは本書のために煙鳥君から送られてきた画像だ。より正確に言えば、煙鳥君がそれぞれ二人の目撃者に描いてもらった画像ということになる。

①

ある女性の目撃談。

高校生の頃の話である。夜も更けた、部活動からの帰り道。

ああ、遅くなっちゃった。早く帰らないと。

そう焦っているのに、何故だろうか。それまで殆ど通ったことがない道へと、勝手に足が向いてしまった。

誰の姿もない、明かりも乏しく薄暗い路地にさしかかる。

ふと落とした視線の先に、丸くて薄っぺらいものが映った。

空き缶、かな。

缶ビールを上から踏んでぺちゃんこに潰したものに見えた。

近づくにつれ、これまた何故だろうか。その空き缶を、自分の足でもって、更にぺちゃんこに踏みつけてみたくなった。

物体の一歩手前で、立ち止まる。右足を大きく上げ、勢いよく振り下ろそうとした、その瞬間。

空き缶の目が開いた。

——は？

平たい円形の表面から、小さな瞳が二つ浮き出て、こちらに向けられている。びっしりと生えた睫毛《まつげ》に囲まれた、つぶらな黒目である。

よく見れば、目以外の部分も全体が柔らかそうな細かい毛に覆われている。

その物体は、可愛らしくすらある瞳で、じっくりこちらを見つめたかと思うと。

ずずずず……。

ぺったり平面のまま、素早く地面を這っていき、そのまま夜の闇に消えていったのだという。

「そのときの物体を、体験者の女性に思い出して描いてもらった絵が、これです」

煙鳥君がスカイプ越しに、画像ファイルを送信してきた。単細胞生物のような黒い丸に、二つの目が描かれたイラストだ。

「因みにその人がそのときに住んでいたのって、岡山県なんですよね。だから大人になった今では、あれって妖怪の〝すねこすり〟なのかな〜と思うようになったそうです。ほら、すねこすりって岡山の妖怪だから」

それはどうだろう。

私はどうしても、女性の意見に賛同できなかった。

だって、そこまでぺったり平面な物体だとしたら、人の脛まで届かないだろう。擦れたとしても、せいぜい踵《かかと》までなのではないか。

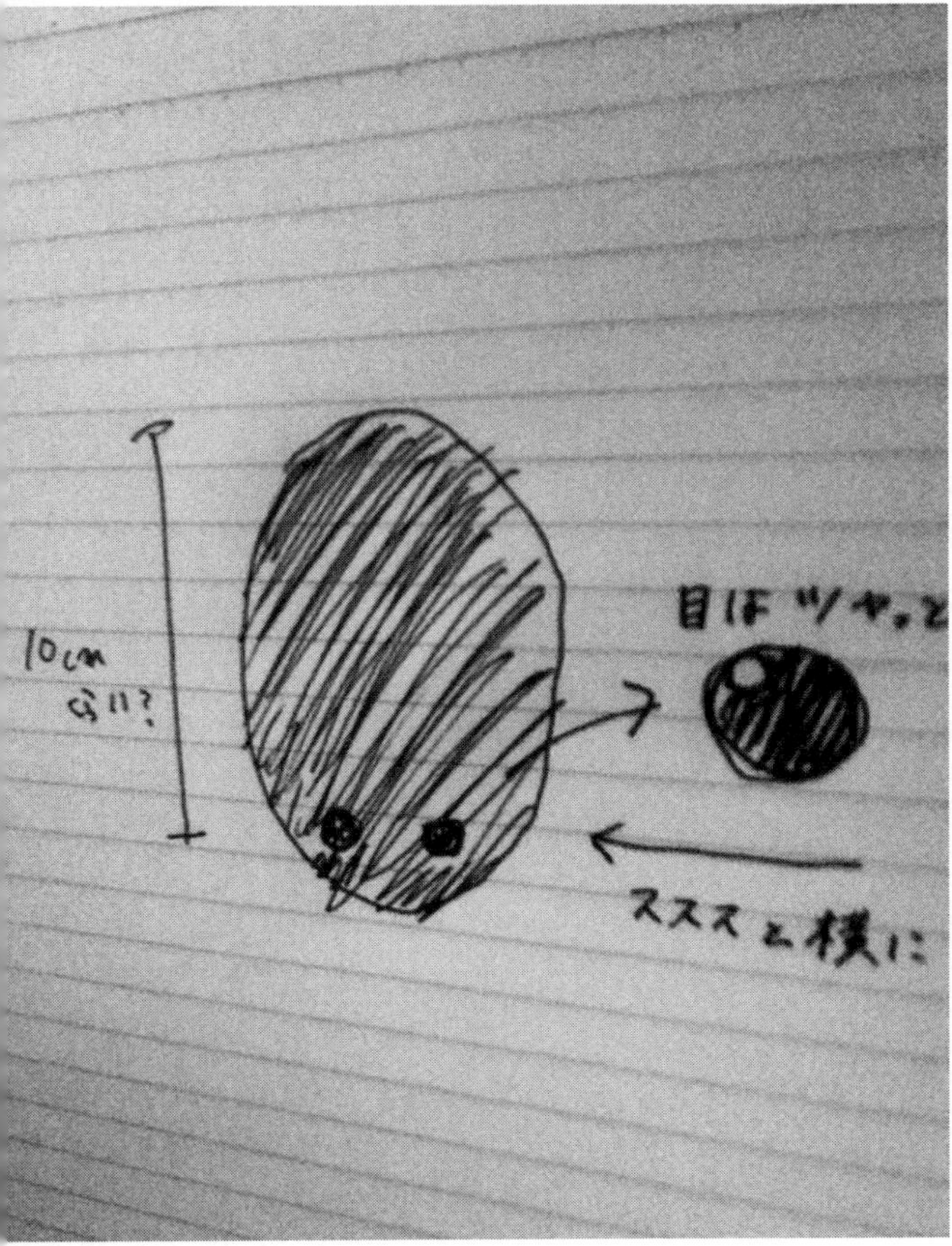
10cm
らい?
目はツヤっと
スススと横に

②

また別の、ある女性の目撃談。

小学校低学年の夏休み、福島県北にある婆ちゃんの家を訪れていたときのこと。

「〇〇さんとこ、新しく家建てたから、婆ちゃんお祝いに行ってくっけどな。おめえもくっか？」

お祝いというのは、地区の住民が三々五々集まって、家主に新築祝いを渡す習俗のことだそうだ。

へえ、田舎って、わざわざそんな付き合いをするんだな。

大した興味も湧かなかったが、この暗い家に一人残って留守番しているよりはましだ。婆ちゃんの軽トラに乗り込み、件の家を目指した。車は水田が広がるほうへとどんどん走っていき、山に続く坂道の手前で停車した。

「じゃあ、行ってくっからな」

知らない人たちとは会いたくなかったので、婆ちゃんが帰るまで辺りを散策することにした。

田んぼのあぜ道をとぼとぼと歩く。遠くからアブラゼミの鳴き声が届いてくる。眼下では夏の青い稲穂がまっすぐ伸びている。水田の中でちらちら瞬いて動く黒い点は、アメンボだろうか。

気づけば軽トラから随分離れてしまったようだ。

あんまり遠くまで行くのは、だめかな。

立ち止まり、振り返る。自分が歩いてきたあぜ道がずっとまっすぐ延びている。

その先の空中に、何かが浮いていた。

ソフトボールほどの大きさ。緑と黄緑のまだら模様。そんな丸っこい本体から、折れた枝のような細長いものが何本も突き出ている。

……クモ？

すぐ近くまで寄ってじっくり見ても、それは全く動かない。

表面はつるりと滑らかで、一切の継ぎ目がない。本体も、そこから生えた足のようなものも、全体が同じ模様をしている。

虫じゃなくて植物？　どっちにしても、何処から吊り下がって、どうやって浮いてるんだ、これ？

田んぼの中のあぜ道である。辺りに電柱など糸を張れそうな高いものは見当たらない。

物体の上の空間をバタバタと手で払ってみるが、何の手応えもないし、物体もピクリとすら動かない。

自分の目の錯覚かもしれないと、視線を外してから見直してみる。だが、やはりそれは確実にそこにいる。

浮かんでいるというより、まるで空中に固定されているかのように。

やだな、何か怖いな。

すぐ離れようと、足早に走り出した。軽トラに近づいたところで。

まだあっちのほうに浮かんでるかな。

そう思って、顔だけ振り向いてみると。

それは、自分のすぐ目の前へと迫ってくるところだった。

すうっと一直線に空中をスライドして、こちらを追いかけてきたのだ。

あっと思うまに、それが背中に辿り着いた。

ぴたりと張りつき、何をするつもりか蠢きだした。

大声を上げながら、全身をめちゃくちゃに振り乱した。

すると煙がかき消えるように、それは一瞬で姿を消した。

あぜ道に落ちたでもなく、空中を飛ばされていったでもなく、綺麗さっぱり消滅したのである。

唖然として立ち尽くしているうち、遠くからまた蝉の声が戻ってきた。

「こちらが、その物体の絵なんですが」

また煙鳥君から、目撃者本人が描いた画像ファイルが送信される。

「で、大分年月が経った後ですよ。その人がたまたまテレビを点けたところ、びっくり驚いたらしいんです」

その番組は『奇跡体験！　アンビリバボー』だった。途中からの視聴だったので内容は不明だが、とにかく何かの再現ＶＴＲが流れていた。

画面には、半透明でまだら模様のクモのような物体が映されていた。それは空中を浮いて移動していたが、窓にぶつかった途端に消えてしまった……という情景が再現されていたのである。
番組ではそれを、「クリッ

ター」と名付けられた未確認生物であると紹介していた。

「これこそ自分の見たものじゃん！　と思ったそうです」


へえ、クリッターー。クリッターねえ……。

私は気のない返事を、煙鳥君に返した。

どうも皆、自分の見たものを既存の何かに分類し、共通の名前を付けたがるようだ。
①すねこすりや②クリッターという妖怪・UMAに分類できるのなら、逆に既知の生物、①ヤマネや②ジョロウグモを見た目撃談だと分類・判断しても構わないことになる。
そう私が伝えると、煙鳥君は「疑り深くないですか？」と不満そうな声を上げた。しかし私は別に、彼女達の話を嘘や勘違いだと片付けたい訳ではない。

見たものはそのまま見たもの。それは目撃者の一回の体験の中でしか現れなかったもの。そして目撃談を誰かに語ることで伝えられていくもの。

それでよいのではないか、と思っているだけだ。

黒いぺちゃんこも、まだら緑の浮遊体も、彼女達の語り、それを更に伝える煙鳥君や私の語りの中にしか存在しないものなのだから。

訪問者達

吹田さんは大学生の頃、学生寮に住んでいた。

その三階建ての年季の入った建物には寮母も管理人も入居しておらず、「寮」とは銘打たれていたが、実際は「汚い安アパート」に近いものだったという。

煙鳥君が取材したこの怪談はこの学生寮で起きたことが中心となっているものの、この場に関する情報は以上のものしかない。


この話は寮の自室で、当時交際していた女性と携帯電話で通話する吹田さんの姿から始まる。


『だって変でしょ？　何にも物は盗られてないんだから』

「それは……かなりイヤだね」

先日、彼女の住むアパートで事件があった。

部屋の窓ガラスが外から割られ、鍵が開いていたというのだ。

出先から戻って、散乱するガラス片を目にしたときには「やられた」と思ったそうだが、幾ら調べても部屋の何かが盗られた様子はない。

警察を呼び被害届も提出したというが、彼女の腹の虫はどうにも収まらないようだった。

『ほんとに気持ち悪い！　もうこんなんで引っ越ししても癪《しゃく》だし、でもまたやられたらどうしようっても思うし。マジで何なの？　意味分かんなくない？　これだったら泥棒のほうがましよね。泥棒なら一回来たらそうそう二度目はないでしょ』

「まあ……確かにそれはそうだよね……」

興奮気味だった彼女はそんな愚痴を言う間に落ち着いてきたようで、最後にはただ雑談をして電話を終えた。

そして、場面はその日の晩に移る。


ぴんぽーん。


吹田さんはインターホンの音で目が覚めた。

時計を見ると、午前二時を回っている。

続けて、ドンドンと部屋のドアを叩かれた。

施錠はしてある。

とはいえ、彼女と物騒な会話をしたばかりだからか、くっと身体が強張ってしまう。

吹田さんは息を殺して、真夜中の訪問者が去るのを待った。

「……しろよ…………はやく……」

部屋の外から、男の囁き声が聞こえてきた。

「はやく……おい……」

誰かが呼びかけている。しかし、こんな時間にどんな用事で訪ねてきたのだろう。

知り合いかもしれないし、ただの酔っ払いかあるいは変質者なのかもしれない。

吹田さんは布団から這い出て忍び足でドアに近づくと、そっとスコープを覗いた。

「……早くしろよ。おい。まだかよ。何なんだよ」

見知らぬおじさんが外に立っていた。

灰色のトレーナーと黒いズボンを穿いた、拍子抜けするほど普通のおじさんだった。

その風貌から殆ど脅威は感じられない。

吹田さんは施錠を解き、ドアを開けた。

「あの……何ですか？　どうしました？」

軽く睨《ね》めつけつつ、そう言った。すると、男は「ん？」と眉間に皺を寄せてから、はっ

と驚いたような表情になり、

「すいません。間違えました」

とだけ言って、小走りで去っていった。

おじさんが誤って学生寮のドアを叩くことに、どんな理由があるのだろう。

部屋を間違えたか。

いや、この学生寮におじさんはいない。

ならばアパート自体を間違っているということか。

――まだかよ。

――早くしろよ。

酔っ払っているようにも見えなかった。

あの意味不明な言葉は小声ながらも明瞭に発音されていたように思える。

結局は珍事として済ませるしかない。

あのおじさんのことは結局何も分からないのだから。

ぴんぽーん。

ぴんぽーん。

ぴんぽーん。

だが、話はそれで済まなかった。

そのおじさんの登場を境に、しばしば見知らぬ人が深夜に訪問してくるようになったのだ。

ぴんぽーん。

スコープを覗くと、そこにはイライラした様子で何度も腕時計を確認する三十代の女性がいた。

「何ですか?」

ドアを開けると、女は目の前の彼の肩越しに部屋の中を見ようと首を伸ばす。

「ちょ、ちょっと……何なんですか……」

もう一度声を掛けると女ははっとして、

「すみません。間違えました」

ぴんぽーん。


ある日はドアの外から男二人の声が聞こえた。

「ここで合ってるんだっけ？」

「そうだよ、ここだよ。俺、ちょっと前に来たばっかりだからね」

「じゃあ、間違いないな」

「お前だって、もう三回目くらいだろ？」

「そうだけどさ……何か忘れちゃうんだよ」

「いい加減、覚えろよ」

二人の妙に楽しげな会話をドア越しで耳にしても、その意味は分からない。

うんざりしながらドアを開けると、大学生風のペアだった。

「あの……何なんです……」

顔を出し、言い終わるか言い終わらないかのうちに、

「すみませんでした！」

と威勢よく謝罪をされた。

訪問者に共通するのは、ドアを開けて応対すると謝罪し立ち去ることのみ。

老若男女に法則性はないが、あえてジャンルを二分するなら、〈一見して普通の人〉と〈一見して気味が悪い人〉がいたという。


ぴんぽーん。


五十代の女性は白い布で包まれた箱を両手で抱えていた。

事実それが何なのかは判別できない、しかしこのサイズ感、この抱え方、どう見ても葬儀で目にする骨箱だ。

「すみません……間違えました……」

おまけに女は涙を流し、ハンカチで拭いさえもしていた。

髪の毛が殆ど抜けたぼろぼろのひな人形。

立派な造りの羽子板。

ところどころがほつれた革製のブーツ。

掃除機。

スコープの魚眼の中に銘々脈略のないアイテムを持つ〈一見して気味が悪い人〉が見えるたびに、吹田さんはぎょっとした。

狙いが分からない。何をどう間違えているのか分からない。

立ち去るときの様子はいかにも真に迫った謝罪の姿勢で、ふざけているようにも思えない。

一度だけ立ち去ろうとする男の腕を掴み、更に「何の用だったんですか！」と追及したこともあったが、

「後になれば、分かるから」

とだけ返答され、手を振り払われてしまった。

吹田さんは訪問者それぞれを注視し、何かの繋がりを見出そうとしたがそれも叶わなかった。

理由も分からず彼女の部屋の窓ガラスが破られた日から、彼らの訪れは始まった。

——後になれば、分かる。

大学を卒業後の引っ越しから幾年月を経た。

その答えがチャイムを鳴らし、ドアをドンドンと叩く日の訪れを、吹田さんは今も待っている。

予言

工場勤めの光雄さんは未婚で、両親、祖母とともに暮らしている。

ある日の夜勤明け、いつものように母が作り置いてくれたブランチを頬張り、仮眠を取ろうとした。

平日のことだったので、両親は既に仕事に出ていた。祖母も何処かへ出掛けているようだった。

何の変哲もない夜勤明けの時間が流れている。

夜勤が続くときはブランチの後に仮眠を取って、夕方頃に目を覚ますのが常だった。

早く食事を済ませて、すぐにでも寝よう。

そう思いながら箸を動かしていると、台所の窓の向こう、道路を歩く祖母の姿が見えた。

早めに買い物を済ませての帰宅途中なのだろう。

重い荷物でもあるようなら、玄関先まで出迎えてあげないと。

そんなことを思いながら窓越しを今一度見遣ると、どうも祖母の歩き方が妙であることに気が付いた。

祖母が一歩のために足を上げる。

足首をくるくると回す。

足の側面から地面に着ける。

また一歩。

くるくる。

やはり土踏まずを使わず、側面から地面に着ける。

バレエの練習でもしているような規則的な動きで、歩みを進めているのだ。

足を怪我したのか、それとも祖母なりの戯れなのかは分からないが、とにかく奇妙な歩き方だった。

こんなものを見てしまっては荷物の重さ以前の心配が押し寄せる。

七十歳を過ぎた家族のこの姿を放っておけるはずがない。

急いで玄関に回り扉を開けると、先ほどと変わらず不穏な歩き方をする祖母が正に玄関先に近づこうとしていた。

「婆ちゃん！　足、どうしたの！」

「足？」

「そう！　足だよ！」

「足がどうした」

「歩き方、おかしいじゃん！　何でそんなふうに歩いてるの！」

「あるき……かた……そうか。変か。歩き方が変かい」

祖母は言いながら一度足を止め、再び動いたときにはごくごく普通の歩き方に戻っていた。

「え？　何？　婆ちゃん、大丈夫なの？」

祖母はまるでこの会話がそもそもなかったもののように、光雄さんの横を通り過ぎて屋内へ入った。

「ちょ、ちょっと！　婆ちゃん！」

「風呂！」

祖母は振り向きもせず、肩をいからせてスタスタと浴室へ消えた。

何事かは分からないが、午前中の帰宅後すぐに風呂に入るのも珍しい。

何かの拍子で足に汚れが付いたせいで、あの様子になってしまったのだろうか。

何にせよ、祖母の奇行には理由があったようで気が違っている訳ではなさそうだ。

光雄さんは再び食事を摂ろうと台所に向かい、テーブルにつこうとした。

椅子を引いた瞬間、背後から視線を感じる。

振り返ると台所のドアが開いていて、祖母が右半身だけを覗かせてこちらを見ていた。

身内ながら、この登場には面食らう。

「うわっ！　何……婆ちゃん、どうしたの？」

「爺ちゃんに御飯やったか……」

「え？」

「爺ちゃんに……御飯やったか」

祖父は既に鬼籍に入っていて、爺ちゃんの御飯とは仏壇へのお供えを指していた。

しかし、毎日のお供えは母がしている。

「俺、分かんないよ。見てこようか？」

光雄さんはつい、よそよそしくなってしまう自分の弱さを恥じた。

誰しも歳には勝てない。頼り甲斐のある大好きな祖母のこんな姿は見たくなかったが、受け入れなければいけないのだろう。

「爺ちゃんはな……トマトが好きなんだ」

「え……へえ。そうなんだ」

母がするお供えは、白米と味噌汁だけだ。

しかし、生前に祖父がトマトを好んでいる姿を見たことがない。

この突拍子もない発言がこれから何度も続くのかと思うと、老いの恐ろしさがのしかかってくる。

「婆ちゃん……大丈夫？　どっか調子悪くない？」

光雄さんは会話を打ち切る意味も込めて、何か自覚症状はないかと問い掛けてみた。

だが、相変わらず半身だけを覗かせる祖母は、質問に対して押し黙ったままだった。

祖母をじっと見つめながら、それでも長生きしてくれたらいいな、と光雄さんは思った。

少しの間があったのち祖母は身体の向きを変え、トイレに向かって歩き出した。

程なくして、台所までトイレのドアが開閉する音が聞こえた。

あんな状態の人が個室に入ったまま、何かあったらどうしよう。

光雄さんの胸に突然介護の精神が湧いてくる。

あのままトイレで倒れたりしたら……。

そこまでいかなくても、汚物の処理を的確にできるのだろうか。

いずれにせよ、まずい。

まずいぞ。

慌ててトイレに向かい、「婆ちゃん！　婆ちゃん！」と声を掛けた。
中から応答はない。
ドアノブには施錠を示す小さく赤い表示がある。鍵を掛けるくらいはまともなようだ。
「大丈夫なの？　婆ちゃん！　何か言ってよ！」
変わらず返事はないが、中から衣擦れの音だけは微かに聞こえる。
不安が津波のように押し寄せた。
堪らずドアを強く連打した。
今自分にできることは必死に助けようとすることだけだ。
何度も声を掛け、何度もドアをノックする。
すると、中からぼそぼそと不明瞭な声が聞こえてきた。
孫がここまでしているのに、ただ独り言を吐くばかりの祖母。
いや、もしかしたら小さな声で自分に話しかけているのかもしれない。
コミュニケーションさえ取れれば、まだ次の展開に持っていける。
「婆ちゃん、何言ってるの？」
光雄さんはノックを止め、耳を澄ました。

――となりはもうだめだ。


はっきりと、男の声が響いた。

その声はトイレから聞こえたようにも思えなかった。

余りにも明瞭で、殆ど耳元で発されたような響きがあった。

「どうした？　何してんだ？」

そして、祖母の声は虚を突いて玄関から聞こえた。

振り返ると、今正に靴を脱ごうとしている祖母がいる。

「婆ちゃん！」

「何だ。大きな声出して」

「トイレからいつの間に出てたの！」

「ああん？」

祖母がトイレの小窓を通って出られる訳がない。

ずっと自分はドアの前にいた。だから、とにかく出られる訳がないのだ。

「いや、トイレ……」

「これから昼ごはん食べようと思って帰ってきただけだよ……何言ってんだい」

「ええ……」

トイレへ向き直るとやはり施錠済みの赤印がある。

では中に祖母以外の誰かがいるのかもと疑ってみるが、先ほどまでとは一転して個室には人の気配が感じられない。ドアに顔を近づけても吐息ほどの音すら聞き取れない。

光雄さんはドライバーを持ってきて、鍵を開けた。

中には誰もいなかった。


翌日、隣家が不審火で全焼した。

屋内には誰にもいなかったので怪我人こそいなかったものの、柱一本残さず燃え尽くされた。

火が静まったのち、光雄さんは外に出て呆然と焼け跡を見た。

すると横を通り過ぎた消防団の男が、誰にともなく言った。

「となりはもうだめだ」

見たんだよ

一年半ほど前、煙鳥君がとある女性から聞いた話だという。

彼女は山形県の農家にて、両親と祖母と四人で暮らしている。

ある夜、眠っている自分の身体が布団の上から揺すられて、目を覚ました。

「婆ちゃん、どうしたの？」

瞼を開くと、祖母が不安そうな顔でじっとこちらを見下ろしているではないか。

「ちょっと起きて。小屋に誰かいる」

え！ と慌てて上体を起こした。

「小屋の中に、男が二人いるんだ。音を立てているんだ」

怖いから一緒に見に行ってくれ、と頼み込んでくる。

「え、泥棒？ そしたらまずお父さん起こさないと」

布団を飛び出し、祖母と二人して立ち上がったところで、不意に気が付く。

「ていうか、婆ちゃん小屋に行ったの？」

「行ってねえよ。怖くて行けやしないよ」

――何それ？　じゃあ何で、そんなに見てきたように分かるの？

そんな言葉が、つい喉元まで出かかった。

しかし何とかそれを押し戻し、腹の中に収めることができた。

いやいや危ない危ない、婆ちゃんを傷つけるところだった。

これはあれだ。認知症の初期症状だ。

つい最近も、婆ちゃんの物忘れが酷いから、認知症が始まったのかねえ、と家族で話し合っていたばかりじゃないか。それにほら、家に泥棒が入ってきたという妄言って、よくあるパターンみたいだし。だからもうこれは、頭ごなしに否定しても意味がない奴だ。

「うん分かった。じゃあ一緒に行ってみよう」

誰もいないのが分かれば安心して落ち着くだろうと、二人で小屋を目指した。

米作農家なので、敷地内に別棟として農機具小屋を建てている。稲取りのコンバインを格納したり、脱穀機や乾燥機を設置しておくため、小屋と呼ぶにはかなり大きい。敷地面積も天井高も、ちょっとした町工場と同じくらいある。

ガタガタガタガタ……引き戸を開けて中に入る。

夜に作業することもないので、照明器具は常設していない。真っ暗な空間の中、懐中電灯をぐるぐる回してみる。

光の輪に照らし出されるのは農機具や肥料袋ばかり。人の気配も、微かな音も感じられない。

「ほら、婆ちゃん。何もないって」

と、振り向いた瞬間。

「上！　上だあ！」

婆ちゃんが絶叫しながら、人差し指を突き立てた。

反射的に天井にライトを向けて見上げる。

五メートルほどの高さがあるので、それほど明るく照らせない。とはいえ人間レベルの大きさのものを見逃すはずもないのだから。

「誰もいないよ！　ちょっともう、おどかさないでよ！」

「そうか、俺、さっき人がいたような気ぃしたんだっけど」

もういいから寝よう、となだめて寝室に連れていった。婆ちゃんもそれ以上騒ぎはしなかった。

しかし奇行が止むことはなかった。この日を境に、婆ちゃんは度々、夜中に自分を起こしてくるようになったのだ。

「小屋から音がする。小屋に男が二人いる。怖いから見に行ってほしい」

いつも同じ言葉を繰り返す。何故父親ではなく自分を起こすのかも意味不明だ。

渋々と小屋に同行し、異常なしを確認したくらいのタイミングで、

「そご！　上だあ！」

婆ちゃんは必ずそう叫ぶ。しかし天井を照らしても何がある訳でもない。

もちろん両親には相談し、そちらから説得してもらったのだが効果なし。

連日のように揺さぶり起こされることが続いたため、流石に面倒くさくなって、

「婆ちゃんの気のせいだからもう寝なよ」

布団をかぶって拒否したこともあった。

するとその二十分後、家の外が数台のパトカーランプで赤く染まった。婆ちゃんが家の電話で一一〇番通報をし、例の説明を繰り返したのだ。

警察にさんざん頭を下げ、近所の人たちにも知られるところとなった。

同じ騒動をまた起こされるのは、大変まずい。これ以降、婆ちゃんの深夜パトロールに付き合うのを余儀なくされてしまった。

何もいないのは分かっている。分かっているのだが、真っ暗な中での「上だあ！」という絶叫は肝が冷える。

またそれに従って、懐中電灯を平行から垂直に向け直し、頭上の暗闇に光を当てる行為

がどうにも気味悪く、勇気と気合いを必要とする。

しかし婆ちゃんは自分を揺すり起こしては、いつも初めての体験のように同じセリフを告げてくる。

「小屋に男が二人いるんだ。ちょっと一緒に見に行ってくれ」

毎度続けていることなのに、どうしていつも、必死で真剣な表情を崩さずいられるのか。

「分かったよ……」

布団から小屋に向かい、引き戸を開け、懐中電灯の光をあてる。

一周り、いつもの光景を照らした後で。

どうせここでまた例のあれがくるんでしょ……。

と、そのままの流れでライトをかざすと、婆ちゃんは口をあんぐり開いた顔を上に向けている。

はいはい、それでお次は上を指さして。

「うえだあ!」

天井にパッ、ね。

絶叫に被るどころか、その発声より一拍早いタイミングで電灯を上げてみると。

男が二人、光に照らされた。

いずれも両手足をピンとまっすぐつっぱって、天井板に張りついている。

「…………」

こちらへ向けているのは後頭部と背中なので、彼らの年齢や表情は分からない。

「…………」

とにかく大人の男が二人、まっすぐ伸びた細い手足で、ゲジゲジのように天井にへばりついているのだ。

「……え!」

ようやく声を出せた、その瞬間。

男達は手足をつっぱった体勢を崩さないまま、天井の隙間へシュルシュルと吸い込まれていった。

唖然として、電灯をゆっくり婆ちゃんのほうへ向け直す。

「ほら、いたべな」

さも当然と言いたげな顔が、そこにあった。

その夜を境に、婆ちゃんの深夜パトロールは一切なくなったそうだ。

男達はもう小屋に来なくなったのかどうか。これ以上は自分で確認する気もないので、どうなっているかは分からない。

しかしそれと入れ替わるかのように。今度は小屋ではなく、家族が住む母屋について婆ちゃんが嫌なことを口走るようになってしまった。

「雨降りの日は嫌だ」

「雨降ると玄関の前に女がいる」

「玄関に頭を付けて、つっ立ってるんだ」

これもまた、婆ちゃんが直接見た目撃証言ではないだろう。何故なら家の中から玄関の外を確認できるはずがないのだから。

しかしとにかく、婆ちゃんは必死に言い募るのだ。

雨は嫌だ、雨の日には、女が玄関に頭を付けてずっとつっ立っているから……と。

「それについては、その女性はまだ何も見てないそうです。ただ婆ちゃんのせいで、雨降りの夜なんかは窓の外の暗闇に目を向けるのが怖くて困ります……とは愚痴ってましたけども」

などという煙鳥君の説明を遮る形で、

「死人が出ないように気を付けたほうがいいよ」

私は待ちきれず声を上げた。

「何ですかそれ」

「玄関に頭を付けて覗き込む人がいたら、その家に不幸が起こるから」

以上の怪談を聞きながら私は、昭和初期、泉鏡花の怪談会にて語られた、「首の折れた老婆の話」を思い出していた。

泉鏡花が知人の芸者・花千代から聞いた怪談であるという。

花千代の師匠は長らく病に伏せった末、家の中で死亡してしまった。

その後、師匠の遺族の元に一通の葉書が届く。それは師匠の知人からのものだったが、手紙の主が家に見舞いに来たとき、奇妙なものを目撃していたというのだ。

文面によれば、それは次のようなものだった。

「御病気と承りましたので、何月何日の午後何時過ぎに、お見舞いに上がりましたら、お宅の格子戸を細く開けて、痩せたお婆さんが挟まれたようにお内を覗いていて、ぐあいが悪くて、如何しても入ることができません。そのまま失礼して帰りました」

これだけでも不気味だが、さらに不気味な点があると、泉鏡花は語る。

「……ところが、この日付と時間とが、師匠の死んだ時刻とぴったり合っているので、ど

うも不思議でならないと言うので、見舞を出した方を探すけども、まるッきし分からなかったッて、そういうんですがね」

（引用文、画像ともに「幽霊と怪談の座談会」『主婦之友』昭和三年八月号）

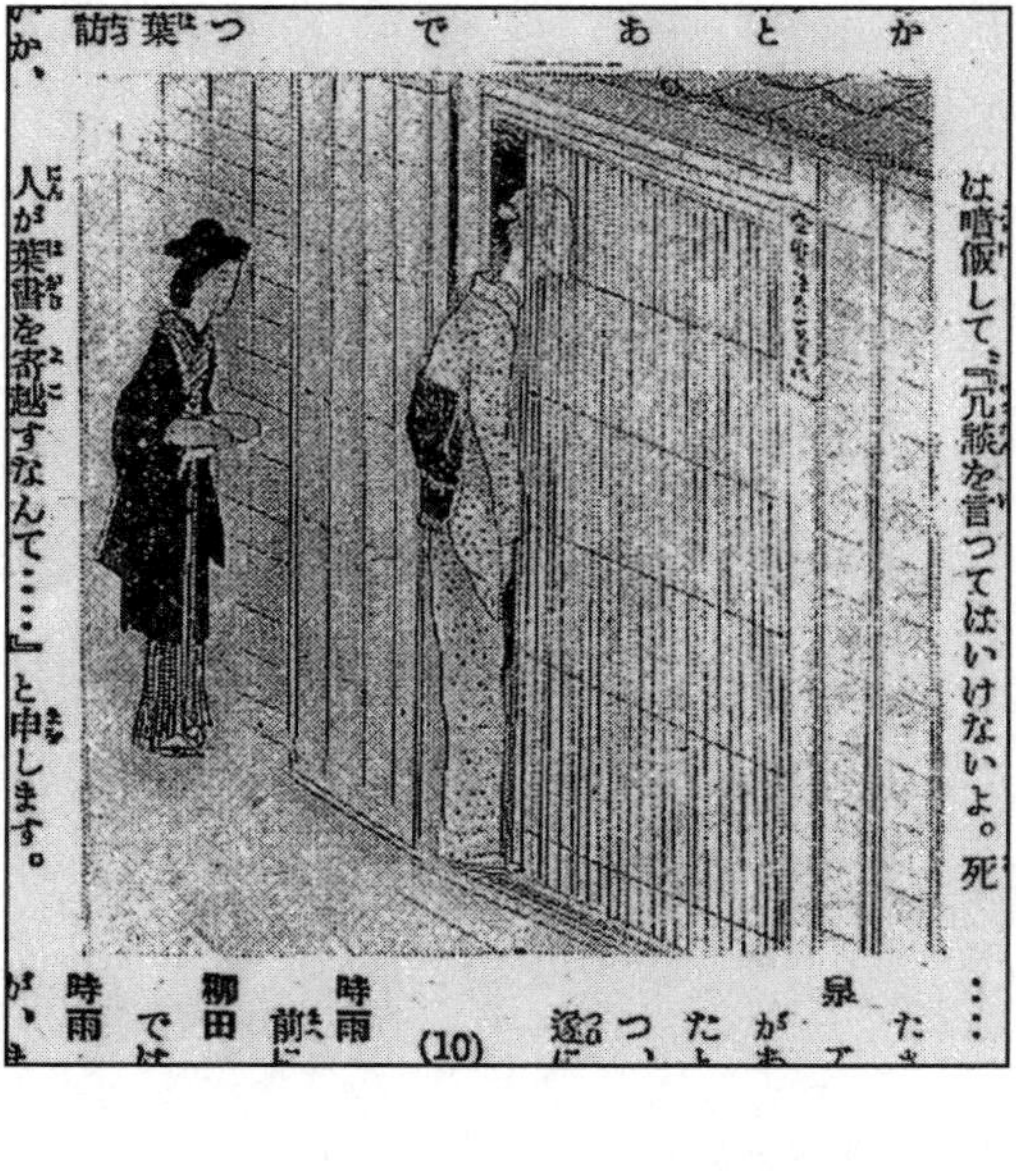

玄関に顔を付けて覗き込んでいる様子。それは、婆ちゃんの見ているものとそっくりなのではないか。少なくとも私の頭の中では、そのようなイメージで再現されてしまったのだ。

またこれとは別に、私自身の取材として。福岡の知人から「トタン壁の中へと顔を突っ込んで、壁向こうの家を覗いているものを見た。その家は翌日、火事で全焼してしまった」

という体験談を聞きこんでもいる。

「いや、それ、今回の件と全く似てるじゃないですか。絶対にそのことも書いておいてくださいよ！」

煙鳥君が興奮ぎみの声を上げてきた。

そう、全く似ているのだ。

婆ちゃんが「見た」という、玄関に頭を付けた女性。彼女もやはり、家の中を覗き込んでいるのではないだろうか。

婆ちゃん以外には気づかれないように。

小屋の二人の男達とともにひっそりと、その家を監視しているのではないだろうか。

そして、じっと狙っているのではないのだろうか。

その家で何か、災いを起こしてやろうと。

土地遣い

十四　土地遣い

色褪せたビニールの暖簾を潜り、丸梅商店のガラス戸を開ける。

こんにちは、と中にいたサチコ婆ちゃんに掛ける声が若干引き攣《つ》った。

緊張していることを、このときやっと自覚する。

今までの一件について自分の中で考えた仮説が正しいことを確かめるために、ここへ来たのだ。ここで待っていれば他の老人達も顔を出す。

仮説を考えたものの、こんなことがあるのかという思いもあった。相当数の実話怪談を見聞きしている僕でも、このようなケースは聞いたことがない。そのため、自分の仮説について、自分自身も確信を持てないでいる部分もあったのだと思う。

「おう、まだ来たな、当たれ当たれ」

そう言って、相変わらず炬燵に当たっていたサチコ婆ちゃんは炬燵布団をめくった。

僕はまた板チョコとペットボトルのカフェオレを買って、炬燵へと入った。

「おめえ、いつまでここさいんだ」

「明日辺りには帰る予定なんです。家内も今妊娠しているので、子供生まれたらまた来ますよ」

しばらく雑談をしていると、老人達が集まってきた。

前に訪れたときと同じ面々である。

おめえ、また来たのかと笑いながら声を掛けてくれる。集落では他の若者と話すこと自体が珍しいのである。老人達は嬉しそうだった。


雑談をしている間、僕はいつ言い出すかタイミングを窺っていた。

言い出すのが怖かったんだろう。

会話の途切れ目で、決意して言葉にした。

「そういえば、あの後トウコさんのとこに行ったんです」

老人達の顔が一瞬固くなった。

「彫山さんとこの車庫と、車、色々あって新しくなったんですね」

少し沈黙があって、老人の一人が口を開いた。

「そんだべ、あそご、わざどやってんだがら、セイジあんちゃ」

やっぱりな、と仮説が確信に変わった。

鳥肌が身体を駆け抜ける。

セイジさんが行っていたことを考えているうちに、僕はだんだんと違和感に気づき出していた。

土地の乗っ取りに関する疑惑。

土地の神から返答を待たずしての着工。

ゴミを投げ入れ、宗教的儀式を行わないままコンクリートで蓋をした井戸。

香峰神社に放置された旧彫山家二つの位牌。

いわゆる忌み地というもので今までに聞いたことがあるケースは、例えば井戸があることを分かっていながら、宗教的儀式を行うことを面倒がったり忘れたりしたために起こるもので、「こんな不幸なことになるとは思わなかった」と殆どの当事者は思っていた。つまり〝過失〟だ。

セイジさんのケースは一つだけの事柄ならば過失だったかもしれない。しかし、これだけ〝過失〟の数があるということ、更にセイジさんの言動、行動を追うと明らかにそこに当てはまらないのだ。

集落の人が地鎮祭のことを僕に余り語ってくれなかったのは、恐らくこの点だ。井戸塞ぎをしようとしたカンちゃん親子を止めて、「今度でいい」と言いながら儀式を行わずに塞いでしまうというのは明らかに故意である。

集落の人が地鎮祭のことを言いたがらないのは、この話をすれば、セイジさんの振る舞いが故意であったことを、外部の人間が気づいてしまう可能性があるからだ。

そうなれば、言い出した本人はセイジさんに怨まれる恐れすらある。

着工までに日にちを空けなかったのも、わざと業者とカンちゃん親子をバッティングさせたのだ。土地神の返答など待っていたら工事ができるはずがない。井戸にゴミを投げ入れたのもそうだ。

もう一つ、位牌の件である。

これも意味を分かっていながらあえて放置したのだ。

端的に言うと、セイジさんはこれらの行為をわざと行っている。

全ては〝故意〟なのだ。


僕がこのことが集落の共通認識となっていると思ったのは、老人達の会話からだった。

丸梅商店での僕と老人達の会話を思い出してほしい。

「彫山さんの土地って悪いこと一杯ありますけど、彫山さんの家とか道路挟んだあっち側の土地は何ともないんですか」と聞いた僕に老人達は「おめぇ、ほんに何も知らねえんだないぃ」と呆れていた。

「ねぇよぅ、悪ぃごどなんちゃ」

「彫山さんどごは車もアダラシイのさ変えてよぅ、車庫もあっぺな」

と老人達は答えた。

「何にも知らねえんだなぃ」「ねぇよう、悪ぃごどなんちゃ」と言うのは、家の土地は悪いことなどある訳がない、そこは当たり前に正常な土地であると思っているからだ。

正常な土地というのはセイジさんが何もしていない土地、シェパードと車庫の土地はセイジさんが〝故意〟に異常な場所にしている土地と比較している認識があるからだ。

だからその背景を知らずに言った僕の言葉に呆れたのだ。

この流れで突然車と車庫が新しくなった話も、背景を知らない状態で冷静に考えると会話の流れとして違和感がある。

何故、この会話の流れで突然車と車庫が新しくなった話を老人達がしたのか。

それらはセイジさんがあの土地に〝故意〟に行ったことの成果であると老人達が思っているからだ。

不幸なことがあると、ある意味で得をする仕組みが世の中にある。

保険金である。

集落の共通認識、そして僕が考えた仮説とは、セイジさんはあえて意図して忌み地を作り出し、その土地の上にあるものに対して多額の保険金を掛けているということだ。

集落の人々も考えたのだろう。

何故こんなに祟られそうなことをセイジさんはわざとあの土地でしているのだろう。

そのうちに次々と土地の上に凶事が起きて、車や車庫がどんどんと新しくなっていく。

車が高級車に変わり、車庫は大きくなっていく。

僕が実際にシェパードの土地に行ったときにメモした高級車と屋根付きトラクター、立派な車庫は凶事の後に全て新しくなったもの達だった。

僕の実家のような田舎では、集落の人々は車や家等財産をよく見ている。

その結果、彼らも気づいたのだ。

だからセイジさんはわざと、自分が住んでいる土地とは違う土地にあるものに保険金を掛けているのか。旧彫山家の位牌を家に入れないのは、その厄を家に呼び込ませないためでもあるのだ。

凶事を呼び込み、富へ変換するために作られた土地。

そこが、旧彫山家の土地だったのだ。

ここまで考えて、一つぞっとしたことがある。

カンちゃんの父はこう言っていた。

「エリちゃんとセイジさんは仲が悪くてよくセイジさんがガナルのを聞いてたげんじょも、エリちゃんのためにシェパードと車庫建ててからはセイジさん大人しくなったんだ。大したもんだ、がなっててもやっぱり嫁は嫁だ。メゲエんだべ」

僕は、その答えがカンちゃんの父親と恐らく違うだろうと思いながら、老人達にあえて気づいていないふりをしてぶつけてみた。

「シェパードって、エリさんのために建てたんですよね、エリさんが働ける場所を作るためにって」

すると老人達はこちらを見ず、鼻で笑いながら冷たくこう言った。

「わがってんべ、おめぇ、パーマ屋コシェレバ《建てれば》、エリだけがあそごにいっこどになっぺや」

「もうわがんべよ、金のためにあそごはあんだぞ」

やはりそうかと思った。

はっきりと老人達は断言しなかったが、これはそう言っているのと同じことだ。

生命保険。

保険金を掛けているのは土地の上にある〝もの〟だけに限らなかった。

きっと、エリさんに多額の生命保険を掛けている。

あの土地に作るのは自分自身の家や別宅ではダメなのだ。そこにいることになるから、凶事を自分達が被る。

不自然なく、長時間いてくれる場所。セイジさんと仲が悪いエリさんだけが。

それを考えた結果がエリさんだけの職場となるシェパードを建てることだったのだ。

もちろん、エリさんはこれに気づいていない。

当たり前だ。他人の家に関する悪い噂を、周囲の人間が本人に言うはずがない。だからエリさんも「この土地では何故か凶事が起こる」としか思っていないはずだ。

エリさんの身に何かあれば、また多額の金が舞い込むことになる。それを恐らくは意図している。

忌み地を作って、富を得る。

土地遣い。

これら全てはセイジさんが作り上げた。

不能犯、という刑法上での概念がある。不能犯とは犯罪的結果の発生は意図しているが、その行為の性質上意図した結果を発生させることがない、と言うものである。

Aという人物がBという人物を殺害するために呪いを掛けたところ、Bはそのうちに死んだとする。

しかし、Aは確かにBを殺すために呪いを掛けたが、その呪いによってBが死んだという因果関係を科学的に立証することはできないため、Aが罪に問われることはない。

これが不能犯である。

正に、セイジさんが行ったこれら行為は不能犯なのだ。セイジさんは何ら罪に問われることはない。何が起ころうと全ては合法である。


こんな結末が待っているとは、父から話を聞いたときは全く思ってもみなかった。このような忌み地のケースをまるで聞いたことがなかったからだ。初めは旧彫山家の土地を乗っ取ったことから始まる〝過失〟の凶事だと思ったのだが、これは個人の利益を得るために〝故意〟に作り出された土地だった。

こう考えると全ての辻褄が合う。

一件目の転倒事故死者、セイジさんの妻であるトヨさんの葬儀のときにセイジさんが「堪忍してけろ、堪忍してけろ」と泣き叫んでいたこと、二件目の転倒事故に関する葬儀のときに母が感じた、「セイジさん、自分のせいだって思ってたな」というのはある意味で正解だったのだ。

あそこで凶事が起こるように全てを作り上げたのはセイジさんだったからだ。

ここから分かるように、この忌み地は作り上げたものの、作った本人であるセイジさんにすらコントロールできるものではなかった。

あの土地は無差別に人を飲み込み、不幸を吐き出し続けていく。


ただ一つだけ、引っかかっていたことがあった。

たくさんの人々から話を聞いているときに気になったことだ。

「現彫山家は、旧彫山家から遺言で土地などもらっていないはずだ」

「二つの家は苗字は同じだが、親戚ではない」

この土地乗っ取りに関する件で話を聞いていると、中には「遺言で貰ったのかもしれない、それは分からない」という人もいた。

土地は貰っていないはずだ、という人に僕が「でも遺言は誰か他の人が見た訳ではないんですよね、じゃあ貰ったとセイジさんが言っているだけなんですかね」と返すと「んだがら、本当は貰ってんのかもしんねえげんじょもな」というように、確定要素としては言わない人も中にはいるのである。

そこについてはそういうものなのか、と少し意外に思っていた。

しかし、親戚関係についてだけは違う。

これだけは集落の老人達は頑なに「親戚ではない」と否定するのだ。全員が口を揃えて「親戚では絶対ねぇ、あれは違んだ」と言う。

少し押し気味で話してみると「そんなわけねえべな、おめえわがんねえのか」と呆れられたこともあった。

何故親戚関係についてだけは、そこまで自信を持って答えるのだろうか。

土地の所有については多少の意見のばらつきがあるのに。

これはきっと山村の集落だから、血縁関係をよく把握しているからだろうと、多少引っかかったものの、そこまで気にしてはいなかった。

そんなことよりも、この土地遣いについて気づいてしまい、丸梅商店の老人達との話から確信に変わったことがショックで、また故意に忌み地を作り出して利益を得るというケースの類話を聞いたことがないことに驚いていた。

「現彫山家と旧彫山家は絶対に親戚ではない」

この意味が分かるのは、もう少し時間が経ってからのことだった。

闇はまだ続く。

そしてこの闇は、僕へも続いていた。

土地遣い

十五　アザミの花

香山集落での実地取材は、丸梅商店への再訪がその時点では最後となった。

その後、僕に娘が生まれたが、新型コロナウイルスの影響によりその当時は実家に帰ることを見合わせていた。

本来であれば実家の家族に娘の顔を見せに行きたいところではあるが、父が基礎疾患を持っていること、祖母が高齢であることから実家に帰るのはいつになるか分からないのが当時の状況であった。

そうこうしているうちに、季節は春になり、気づけば七月になっていた。

あれから、香山へ訪れていない。

しかし、現地には行けなくともカンちゃんを始め、実家の家族、話を聞かせてくれる方々と電話等でやり取りをして、少しずつではあるが色々と見えてきたことがあった。

かつて僕が祖母から聞き取った、とある怪談がある。

これは祖母が嫁に来た頃、Ｓ家という家が桐の御神木を切り倒し、売ってしまったことに端を発する祖母の体験談である。

その後、S家は厄災に見舞われ結果としてS家は現在では、生まれてくるはずだった子供も含めて一族が恐らく全て滅んでいる。

ただ、一人を除いて。

僕が祖母から怪談を聞き取った後に、このS家最後の一人が自分の身近な人であったことが発覚し、恐ろしくなって僕は長年の間この怪談を語ることを封印していた。

まるで、怪談の中で語られた因縁めいたものが、怪談に触れた僕に自らの意志を持って近づいてきたかのように感じたからだった。

S家の邸宅は屋根が落ち、草に埋もれているが、現在も廃墟として集落に残っている。


「現彫山家と旧彫山家は絶対に親戚ではない」

この意味について、聞き取りをしていて分かったことがある。

旧彫山家とS家は親戚関係に当たるのだ。

旧彫山家では当主、息子が立て続けに亡くなっている。

親戚関係である旧彫山家にもS一族の厄災が降りかかっていたのだ。

旧彫山家の生き残りである、青いトタン屋根の小さな家に住んでいた老婆は、S家最後の一人となる老人の遺体が発見される直前に、近所の人によって家の中で孤独死しているのが見つかっている。

彼女が亡くなっていることを近所の人が見つけたため、S本家に知らせに行ったところ老人が亡くなっているのを発見したという経緯だった。

生き残った老婆は生前、集落の人にこう語っていた。

「おらえみんな死んずまったがらよ」

この時点ではまだS本家にある老人の遺体は発見されていない。

しかし、この言い方はまるでS本家の老人が既に家の中で死んでいるのが分かっているかのように感じてしまう。

恐らく老婆はS家を取り巻く因縁を見ていて思うところがあったのだと思う。きっと、既に自分以外全員死んでいる、と。

この後、S本家は廃墟のまま放置され、旧彫山家は長年放置されたのちに、セイジさんにより約五年ほど前に解体されて現在のシェパードと車庫がある土地になった。

「現彫山家と旧彫山家は絶対に親戚ではない」の意味とは〝もし、現彫山家が旧彫山家と親戚であったならばS家とも繋がることになるため、まともに今まで生きていられるはずがない〟という意味だったのだ。

集落の人々から聞き取りをしていて感じたのは、S家があったのは香山ではないにも拘らず、現在でも一族全てを滅ぼしたS家の厄災を強く恐れている。だから今も生き残っているのは親戚である訳がない、と思っているのだ。

この事実に触れたときは、心底鳥肌が立った。

S本家から始まる因縁は枝分かれしており、一つは〝神木と縁〟として僕自身へと降りかかり、もう一つはこの〝土地遣い〟へ形を変えて再び僕の前に姿を現していたのだった。

S家は僕の集落以外の周辺集落へも、未だに深く闇を落としている事実が分かったことにもぞっとしていた。

それだけ、集落の老人達ははっきりと口には出さないものの、S家の因縁を今も恐れている。


〝土地遣い〟をまとめるに当たって、疑問に思ったことがある。

旧彫山家は長年放置されていたが、セイジさんの登場により姿とその意味を変えることになった。当時のセイジさんは既に七十代である。

七十代の老人がある日、突然このような方法を思いつくものだろうか。

既に知識として知っていたのであれば、とっくにその行為に着手してもよかったはずだ。

長年、旧彫山家は手つかずで放置されていたのだから。

この点について考えると不自然さが残る。

その違和感の答えとして考えられるのは、セイジさんにアドバイザーがいたのではないか、と。

セイジさんが旧彫山家に手を付ける前に、その手法を教えた誰かが。

僕は相当な量に上る実話怪談を見聞きしているが、このような忌み地のケースは初めてだった。相当に異質なケースである。

このような形の忌み地を、老人がある日突然一人で思いつくとは僕にはとても思えないのだ。余りに違和感が大きい。

当時、アドバイザーの存在について聞き取りを続けたが、そのような人物がいたのか、また誰だったかについて行きつくことはできなかった。

しかし、調べていくにつれてこう考えるようにもなっていた。

僕が知らないだけで、日本中にこのような土地があるのかもしれない、と。

何故ならば、やり方の原理さえ分かれば、例えば霊能力のような特殊な能力などなくとも作り上げることが可能であるからだ。

何故か凶事が起こるという忌み地に纏わる怪談は日本中に数限りなくある。怪談好きなら幾つかそういう話を聞いたことがあるだろう。

それら全てが本当に〝過失〟によって生まれた忌み地なのだろうか？

〝土地遣い〟に触れた僕には、もはやそう思えなくなっていた。


セイジさんのその後について、ある連絡が僕のところに来た。

「セイジあんちゃな、ホロゲっつまった《廃人同様になった》ど……」

セイジさんは少し前に突然精神が不安定になり出した。

会話をしているときにほんの少し気に障った瞬間に、誰であろうと激怒し、何処だろうが唾を飛ばしながら怒鳴り散らしていた。

その様子が恐ろしく、香山の人々は彼に近づかなくなったそうだ。

そのうちに、今度は何を言っても突然泣き出すようになっていた。

「ホダゴド《そんなこと》、シショアンメシタ《しょうがないだろう》」

いつもそう言ってセイジさんは大声で泣き崩れる。

もはや会話の流れなど全く関係がなくなっていた。

セイジさんは次第に人と正常に話すことができなくなっていった。今では会話することも、歩くことすらも全くできなくなったため、自宅に引き籠もっているとのことだった。

僕が香山で聞き取りをしていたのが令和二年一月、一連の文章を書いていたのは同年七月だったので、僅か六か月間でセイジさんはそのような状態になってしまったことになる。

「セイジあんちゃ、もうあんま長くはねえぞってみんな語ってんな」

集落の人々の間では、そう話されている。

現在はセイジさんの介護のため、エリさんはシェパードを閉めて家にいるそうだ。セイジさんが通院するときのことを考え、車も車庫から現彫山家の敷地内に移動しているという。

これを聞いて何とも言えない気持ちになってしまった。

まるで、セイジさんが〝土地遣い〟をしてきたことを後悔しているその気持ち——崩れつつある精神の淵で、最後にあの土地の上からエリさんを引き離すことで、彼女を救おうとしているかのように感じてしまったからだ。

しかし、それと同時にあの土地は作り上げたセイジさん自身を闇に飲み込もうとしている最中でもあるのかもしれない、とも思っていた。

現在、あの土地の上にいる人は誰もいない。

旧彫山家の土地に老婆の住んでいた小さな家がまだ残っていた頃、僕はタイチと何度もその前を通ったことがあった。

蔦や葛が青いトタン屋根まで届いていたあの廃墟。

その周りには、たくさんのアザミの花が咲いていたのを覚えている。

毒々しいまでに鮮やかな紫の花と、鋭い棘《とげ》が生えた葉。

季節はもうすぐ夏になる。

きっと今は辺りにアザミが咲いているだろう。

僕はあの土地一面にアザミの花が咲く様子を想像する。

アザミの花言葉。

「報復」

「触れないで」

香山に、夏が来る。

土地遣い　終　闇に蠢く者達

ぼさぼさとした雪、鉄黒色の空、色褪せたビニール製の暖簾、赤い炎と光に照らされる消火活動の写真、埃が積もった古びた神社。

今、当時集めた資料や音源と向き合い直し、香山集落で調査をしていた日々を思い出している。

「土地遣い」はここまでの十五話が、ウェブ上に公開していた記事を改めて改稿したものになる。

ここから先はウェブ上では公開されておらず、最後の記事を投稿してから二年後の現在までに知りえたことについて書いている。

僕が一連の〝土地遣い〟について書き終えたその後、間を置かずしてセイジさんは亡くなった。

喪主をゴウさんが勤め、香山で葬儀が行われた。

セイジさんはその精神の縁でエリさんを救おうとしていたのか、それともセイジさん自信も土地の闇からは逃れられなかったのか。

今となっては分からない。

ただ葬儀の後、ゴウさんの不倫が原因となりゴウさんとエリさんは離婚し、エリさんは子供を連れて家を出ていった。

現在、現彫山家に住んでいるのはゴウさん一人だけとなる。


僕は土地遣いを書き終えた後も、セイジさんに土地遣いの方法を教えたアドバイザーがいたのではないか、と考えてそれ以降も香山の人々等に聞き取りを続けていた。

この出来事の背景で蠢いているかもしれない者に、非常に興味を引かれたからだ。

僕らが今までに聞いていた忌み土に纏わる怪談は、全てが過失によるものなのだろうか。

もしかすると、土地遣い、そのアドバイザーは日本中にいるのかもしれない。

「金を稼ぐいい方法があるよ」と誰かに耳打ちするアドバイザーも。

もしかしたら、これを読んでいるあなたの近くにも。


この集落で聞き取りを続けたら、その何者かについて何か糸口を掴めるかもしれない。

もし、そんな人物がいたとしたら、土地に纏わる怪談の見え方そのものが変わるかもしれない、と。

僕が香山の人々に「セイジさんが旧彫山家をシェパードと車庫に作り替えた当時、誰かセイジさんの家に出入りしてた人はいましたか？　思い出せることは」と聞いていたところ、幾つか興味深い話を聞くことができた。

「セイジさんエ《家》さ、薬売りよぐ来てたなぁ」

「家さ薬置きさくっぺな、あの車だえ、オラエさは来ねえがったげんじょもなぁ」

「あの薬売りどこのもんだべな、セイジさんエさよぐ止まってたんだ、何とか薬局だが何だがって書いてあったたちっちぇえワゴン車だえ」

セイジさんが旧彫山家に手を付け出す前、何人かの住人が現彫山家に出入りする「置き薬の配達人」のことを覚えていた。

地方の集落で、老人達が家庭用の常備薬を買うために町場まで訪れるのは、なかなかに労力が要る。

そのため、家庭用の常備薬を販売する業者が、山村集落には定期的に訪れる。

僕の実家がある集落もそうであるし、この香山にも置き薬の配達人が来ていた。

配達人が家に訪ねてくること自体は日常的にあることだ。

何故、彼らが日常的に見る光景であるにも拘らず、数年前に現彫山家に配達人が来ていたことを覚えていたのか。

その理由のひとつは、件の配達人は自分の家には決して現れず、何故か現彫山家にしか行かなかったから。そしてもうひとつは、現彫山家の庭に配達人の車が止まっている状況が、余りにも頻繁であったからだ。

通常、薬の配達人は営業のため、集落の各家庭を次々と回っていく。切らした薬の補給に訪れるのが彼らの仕事であるため、頻繁に特定の家のみを訪ねること自体がおかしなことなのだ。

そのため集落の住人達は配達人が現彫山家にだけ訪れ、かつ、セイジさんが土地に手を付ける直前の期間にだけ集中的に来ていたことに、違和感を覚えていたようだ。

住民達はその違和感から、現彫山家を頻繁に訪れていた奇妙な置き薬の配達人に関する記憶が残っていたのだった。

この配達人について考えれば、地方の山村集落の人に接触するのには非常に適しているように思えてしまう。

薬局名の入った軽ワゴン車。田舎の庭先に止まっているところを誰かに見られたとしても、ただそれだけでは存在自体を怪しまれることはきっと少なかったのではないだろうか。

集落外部の人間であるにも拘らず、家人と話をしながら周辺地域の情報も仕入れることができ（事実、本文にも書いたが、営業をしていた母は集落の事情には非常に詳しかった）、かつ、ただの訪問販売ではなく「置き薬の配達人」という特性上、山村集落でこそありふれた訪問者のため、住人達に警戒される可能性も少なかったと考えられる。

この配達人の薬局等の会社名について覚えている人が僅かにいたが、僕が調べたところ該当する会社は何故か発見できなかった。

セイジさんが、土地遣いになる直前にだけその軽ワゴン車は目撃されている。

この配達人が何者で、何の目的があってその時期にだけ頻繁に現彫山家を訪問していたのか。

その理由は、セイジさんが亡くなった今となっては分からないままだ。

もう一つ、気になる出来事を耳にした。

とある家に若い女が突然訪ねてきて、ぼろぼろになった古い戸籍の写しのような物を家人に見せ「私の先祖がこの家と繋がりがあるということを聞いたので、先祖の霊を供養させてほしい、お墓を案内してほしい」と申し出てきた。

その女には全く身に覚えがなく、怪しんだ家人がお引き取りを願うと、女は俯いて無言で立ち去ったという。

この若い女を応対した家人とは、ゴウさんと離婚する直前のエリさんだ。つまり、この女が訪ねてきた家とは現彫山家である。

若い女。

この家と繋がりがあるということを聞いた。

先祖の供養。

この若い女とはS家最後の生き残り、あのSだったのではないか。

僕が土地遣いに触れて神木との繋がりに気づいたように、Sが自身の血に降りかかった厄災と現彫山家との繋がりに気づき、縁を絶ち切ろうとしていたのではないか。

僕にはそう思えてならない。

現彫山家の墓をエリさんが見に行ったところ、何かの木の枝か根のような物、髪の毛と思しき黒い糸状の物、そして、引きちぎられた人形の両足を束ねて汚れた布で巻いて固定したものが、墓前に置かれていたそうだ。

あの若い女が家の墓を探し当てたのか。

気味が悪くなったエリさんはそれをすぐに捨てた。

彼女は今、どうしているのだろう。

現彫山家に残ったゴウさんは、とある集落の住民にこう漏らしていたそうだ。

「土地あっと、金さなるやり方あんだってジサマまともな頃言ってただ、俺もエリいねぐなったしやっかと思ってよ」

「ただやり方に気ぃ付けろってよって。ジサマは失敗したどが。俺はそった失敗はしねぇがらな、見てろで、今に金になっから」

僕が覗いたこの闇の背後に、今も蠢く者達の姿が見える。

あとがき

吉田悠軌

怪談とはいったい、誰が体験した話を誰が誰に向かって語り、それを聞いた誰が誰にまた語り直すのか？

私がここ数年ずっと考え、悩んでいることだが、読者の多くは次のように思うだろうか。

「バカだなあ。体験者の体験した事実があって、それを取材した人間が観客（読者）に向かってしゃべる（書く）だけだろう」

しかし実際はそう単純に割り切れない。まず怪談の中で語られるのは、不思議な怪現象についての体験である。それはどこまでも個人的な一回性の体験のはずで、科学実験や裁判証拠のように「事実」を抽出できる類のものではない。逆に言えば、特定条件下で再現可能な「事実」であれば、それはもう不思議な怪現象ではない。つまり我々が怪談を聞くとき、それはある体験から抽出された客観的「事実」を受け取るのではなく、体験者本人だろうとあくまでその人が語り直した主観的なお話＝「体験談」を受け取っているのだ。

①まず取材者が体験者から、ある体験を語り直した「体験談」を聞く。これはまだ第一相。次に、②その取材者が飲み会や怪談イベントや怪談本でさらに語り直した怪談を、知

人や観客や読者が受け取る。怪談を楽しむ場面の大部分は、この第二相だろう。

第二相で怪談を受け取った人々がさらに別の場所で怪談を語り直し、第三相、四、五……と連なっていくことは容易に想像が付く。しかし複雑なことに、実は①が本当の第一相ではなく、そこからまだ遡らなければいけない場合もある。まずシンプルに、体験者Aが体験談を語った知人Bに取材する場合。実話怪談の中で、このケースはよくあるものだ。

次に体験者Aさんの体験談の中に、また別の体験者BやCらの体験談が混在している場合。ちゃんと意識すると、このケースの実話怪談も意外と数多いことが分かる。しかしAとは別に、わざわざBやCへも体験談を取材しにいくことは少ない。ほとんどの場合、B・Cの体験談もまるっと含めて「Aさんの体験談」として処理する。

さらに説明を重ねたいが、今回はこれ位にしておこう。とりあえず、怪談とは誰の体験談を誰が誰に語りそれを誰が誰に語り直すのか、という疑問の複雑怪奇さは理解してもらえただろう。私も正直、全貌は把握していない。しかし現状でもハッキリ言えることが一つある。怪談とは、第一相に近ければ絶対的に良いというものでもない。第二、三、四……と相を重ねると、それはそれで独特のエネルギーがドライブしていき、第一相の怪談とはまた別の怖さ・面白さが発生するのだ。これについては『煙鳥怪奇録』を二冊重ねた経験で確信に至った。怪談の複雑にして玄妙な生態には、さらに興味が増すばかりである。

煙鳥君の血

高田公太

実話怪談という分野に長く身を置いていると、時々とんでもない怪談蒐集家に出くわす。呪いの人形を人から譲ってもらうが最後、目に見えて体調を崩しつつもその人形の写真を他人に見せ「可愛いだろ」とニタニタ笑う、怪談トークイベントの本編ならず、準備中、休憩中、終演後の全ての時間に於いても怪談を話す、「怪談なら何でも」とネット漁り、書籍の大量購入、全国の現地取材と忙しく時間と財を費やすなど、文字通り取り憑かれたように行動する人々がいるのだ。

煙鳥君もそんな奇特な人である。

本書は前作『煙鳥怪奇録 机と海』と比べて、より濃厚に煙鳥君の人となりが描かれた。怪談への異常な熱意とこれまた異常にトボけた感覚を持つ煙鳥君はまるで漫画のキャラクターで、ともすれば実在しないのではないかと錯覚してしまうが、事実このままの煙鳥君が実在している。トボけ方に関しては誹謗中傷にならないよう。高田執筆分では大分描写を甘くしてさえいる。

中編「土地遣い」では煙鳥君が集落の秘密を暴かんと闊歩《かっぽ》する。

単体でも十二分に闇深い実話怪談だが、本書収載の他の話を読むと更に違った味わいが感じられる。

煙鳥君一族に纏わる話を覗き見つつ「土地遣い」を読むと、目に見えない戦いがそこで行われているのではないかと錯覚してしまうのだ。

なぜ彼の元にはここまで怪談が集まるのか。

なぜ彼の周辺では奇異な体験が起きるのか。

全て彼の血がその理由なのではないかと想像してしまう。

煙鳥君はもう実話怪談というか、伝奇ロマンが服を着て歩いているような男である。

その世界を掴んで文章化すると、正に本書が出来上がるという具合だ。

『煙鳥怪奇録』シリーズでは企画立案と意思疎通、やんわりとした取りまとめを担当している。前作よりも難産だったが、パワーアップした一冊になったのではないかと思う。

共著者の吉田悠軌さんは忙しい中スピーディに原稿を書き上げた。煙鳥君も本業の多忙さを縫っての作業、お疲れ様。クレジットにはないが編集者の加藤一にも感謝を。

本書を手に取った怪談好きの皆様には最大の感謝を。

煙鳥怪奇録 忌集落

2022年11月4日 初版第一刷発行

編著・怪談提供・監修……煙鳥
著者……吉田悠軌、高田公太
監修補佐……高田公太
装画……綿貫芳子
カバーデザイン……橋元浩明（sowhat.Inc）

発行人……後藤明信
発行所……株式会社 竹書房
〒102-0075 東京都千代田区三番町8-1 三番町東急ビル6F
email: info@takeshobo.co.jp
http://www.takeshobo.co.jp
印刷・製本……中央精版印刷株式会社
